用户真正需要什么

What Customers Really Want?

[美] **斯科特·麦克凯恩** 著
(Scott McKain)
王绍祥 译

中信出版集团 | 北京

图书在版编目（CIP）数据

用户真正需要什么？/（美）斯科特·麦克凯恩著；
王绍祥译. -- 北京：中信出版社，2020.9（2021.3 重印）
书名原文: What Customers Really Want
ISBN 978-7-5217-1453-1

Ⅰ. ①用… Ⅱ. ①斯… ②王… Ⅲ. ①企业经营管理
Ⅳ. ① F272.3

中国版本图书馆 CIP 数据核字 (2020) 第 031556 号

用户真正需要什么？

著　　者：[美] 斯科特·麦克凯恩
译　　者：王绍祥
出版发行：中信出版集团股份有限公司
（北京市朝阳区惠新东街甲 4 号富盛大厦 2 座　邮编　100029）
承 印 者：北京盛通印刷股份有限公司

开　　本：880mm × 1230mm　1/32　　印　　张：7.75　　字　　数：170 千字
版　　次：2020 年 9 月第 1 版　　印　　次：2021 年 3 月第 2 次印刷
京权图字：01-2018-6482
书　　号：ISBN 978-7-5217-1453-1
定　　价：59.00 元

目录

引言：根本的脱节

不同之处何在？

用户在决定是否与你打交道时，他们通常会先看看你，然后审视一下你的竞争对手，最后在心里琢磨一下："他们有什么关系呢？他们之间到底有什么区别？"

- **你的答案是什么并不重要——如果用户注意不到区别，也不理解区别，就是毫无区别。**

我是一个资深影迷。如果你知道我此前写了一本名为《一切行业都是娱乐业》的书，这或许就不足为奇了。凭借我对电影事业的满腔热情，几年前，我应邀到一家地方电视台担任影评专家。出乎意料的是，影评节目大受欢迎，因此我又应邀到全美 80 家电视台以及其他 3 个国家担任影评专家。在担任影评专家的过程中，我极少给电影打全五星，因为全五星象征完美。所以，经常有人问我：什么样的电影才是名副其实的"全五星电影"呢？

我的答案很简单：有两个基本的衡量标准。

第一个标准是，我会问一问自己："你（不是指普通观众，而是特指我自己）是否热切地关注片中人物及其命运？片中人物的命运是否会让你牵肠挂肚？片中的故事情节是否会给你一种荡气回肠的感觉？"

我认为，一旦你全神贯注于一部影片，你便会觉得屏幕上的人物不仅给你一种似曾相识的感觉，还能带给你情感上的冲击力，"全五星电影"的两项测试就算通过了一项。

但是，第二项测试才是难度最大的。"无论影片是喜是悲，在你离开电影院之后，你都会无比感动，产生一种惺惺相惜之情吗？你是否迫不及待地想和朋友们分享这部电影？那种观影经历是否让你感到极度震撼，让你迫不及待地想与人分享？你是否会告诉朋友，如果他不喜欢这部电影，或者电影没有他想象中的那么好，你就会心甘情愿掏钱替他买单？"如果一部电影通过了这两项测试，它就是一部"全五星"电影了。这两项测试是按顺序进行的，只有通过了第一项测试，才有必要进行第二项测试。

- **你的企业会通过"全五星测试"吗？**

你的用户对你有什么样的感觉和评价呢？

如果用户觉得他与你的企业格格不入，如果用户与你的"产品"并未建立起某种情感纽带，那么，他们是不会向亲朋好友或是他们所熟知的企业、机构推荐你的。

环顾一下星巴克的环境

本书第一版是在十多年前写的。我还依稀记得写第一页内容时的情景。当时，我坐在拉斯韦加斯的一家星巴克里，看着自己的笔记本电脑，心想，我应该如何下笔呢？

我环顾四周，注意到有很多和我一样的人，比如临时抱佛脚的学生、忙里偷闲的母亲，还有像我这样的专业人士，他们只是想在一个网速快又能干点儿活的环境中做些想做的事情而已。当然，还有那些准备去打高尔夫球，或者刚打完高尔夫球的夫妇。眼前的这一切让我颇感震撼。

当时，我就是一家咖啡店里一个普普通通的顾客。我去那里纯粹是想喝一杯咖啡，对吗？

要说对也对，要说不对也不对。手边的那杯咖啡确实是我花钱买的，但是，除了咖啡，我真正想要的还有很多很多。

- **这就是本书的宗旨：你的用户真正需要什么？本书的目的在于说明你如何才能确保企业在产品或服务与用户的渴望之间架起一座桥梁。这样，你才能在市场上独树一帜。**

当然，星巴克的这个例子早已被人们用烂了。不过，这是情有可原的，因为星巴克能做到的，大多数企业都做不到。他们知道用户需要的不仅仅是一杯咖啡。其中的道理值得所有公司细细品味。

所以，以下才是用户真正需要的！

用户真正需要什么？准备好了吗？

- **用户希望与之交易的人和公司能够和他们建立一种关系，一种可以超越纯粹交易的关系。**

他们希望获得这样一种感觉，即你对他们关爱有加，就像他们心中牵挂着全五星影片中人物的命运一样。

他们希望你会像关心他们和你所做的生意一样关心他们。

他们会满怀激情地向朋友推荐全五星影片，同样，他们也希望能够和一个他们愿意为之奔走相告、口耳相传的公司打交道。

关系越铁，忠诚度越高。关系越浅，用户们越容易弃你而去。

赛斯·高汀在其经典著作《紫牛》中说，企业应当“出众”。我赞同这种观点，但是，我想在这个观点的基础上再做一些引申。

- **你的产品或服务必须出类拔萃。**

你的产品或服务或许很出众。但是，如果你无法清晰地向用户传递这样一个信息，而且也找不到一个创造性的理由让用户与你做生意，你就不够出类拔萃，对于用户而言，你就不会物有所值。

在你回答之前，请认真思考一个问题：与你以及你的企业做生意，有何与众不同之处？

如果你无法回答这个问题，而且无法热情洋溢地回答这个问题，你和用户之间就不存在一种与众不同、坚不可摧的关系。

问题是，许多人都拿不出一种令人无法抗拒的拳头产品。当然，你也希望你的公司能够通过研发，拥有新一代的 iPhone（苹果手机）。但是，在现实世界里，你是不可能随随便便就开发出一种新一代的、出类拔萃的产品或服务的。所以，你必须另辟蹊径，寻找另外一种可以让你的用户觉得你的企业与众不同的东西。

至关重要的是你必须和用户建立好关系，以及如何与用户维持关系。

全球企业之脱节

为什么全球大多数企业都做不到这一点呢？

我对这个问题进行了大量研究。当然，不仅是为本书进行研究，而且是为我数以百计的主旨演讲进行研究。长期以来，我一直在努力地为这个世界上最具特色的公司、全球商业领袖、许多中小企业，以及我个人拥有的小企业等演讲。

努力的结果，就是我发现企业与他们的用户之间存在六大脱节，脱节程度令人瞠目结舌。用户对产品与服务提供商的不满在很大程度上源于这种脱节。

还记得霍华德·比尔吗？

如果你年过半百，或者是一个影迷，你或许会记得霍华德·比尔，即已故的彼得·芬奇在奥斯卡影片《电视台风云》中扮演的四面楚歌、焦头烂额的电视台主持人。

他有一句著名的台词："我疯狂至极，我再也无法忍受了！"

大约 40 年前，在这部影片刚上映之际，这句台词引起了很多人的共鸣。可怕的是，对于许多企业而言，这句话早已成了陈词滥调，不再起作用了。每一天，用户们都以这样或那样的方式来表达他们对企业或产品的不满，因为这些企业无法（或者不想）为用户提供他们真正想要的东西。

我在和世界一流的企业家探讨用户关系这个问题时，我的感觉是：用户苦苦寻觅的和企业能够提供的之间存在着脱节，令人震惊的脱节。

我相信，对于企业的成功与成长来说，这是唯一至关重要的因素。目标决定结果。

- **你的目标就是为用户提供他们真正想要的东西，这样，用户忠诚度才会日益提高。**

“用户满意度调查”衡量的是用户所言所想，而非其实际行动。与之不同的是，用户忠诚度指标衡量的是用户行为与消费习惯的实际数据。

你和你的企业是否会衡量用户承诺与用户保持率？你是否有提升用户忠诚度的相应策略？

在《忠诚的价值》（*The Loyalty Effect*）一书中，弗雷德·赖克哈尔德以银行业为例做了说明。他指出，银行只要能多留住 5% 的用户，支行存款的净现值就会增加 85%。

在此，我们再以金融服务业的整体情况为例。研究表明，金融零售服务公司寻找一个新用户的平均成本为 280 美元。但是，高德纳公司于 2002 年 8 月 8 日在其官网发布的一份调查报告显示，留住一个用户的平均成本仅为 57 美元。

这就给我们提出了一个关键问题：为什么有如此众多的企业不惜一切代价，想方设法在“前门”苦苦招徕新用户呢？它们为什么从来没有考虑过，防止现有用户从“后门”溜走其实简单得多呢？

《拉斯韦加斯评论报》上刊载的一篇题为“业界专家称，杂货店只有做到选择多样化，才能建立用户忠诚”的文章，作者为哈比·史密斯。

文章开宗明义，称：“社区零售店必须形成强势品牌身份，提供独一无二的产品和服务，使之与大型卖场区别开来。”

“归根结底，关键在于用户选择，有选择才会大有作为。”《杂货店总部》（*Grocery Headquaters*）杂志执行主编瑞安·马修斯在美国食品经销商协会的大会上如是说。

马修斯先生所言极是。如今，用户选择多之又多，可谓前所未有。但是，如果所有这些选择看起来都一模一样，那会怎么样呢？

“如果凡事一模一样，选择就无从谈起。”马修斯说。

“谁能提供清晰的、有价值的选择，谁就拥有未来。这个行业（杂货店和大型卖场）和美国许许多多行业一样，只关注症状而不关注疾病本身。”

那篇文章接着说：“马修斯指出企业经营者老是抱怨用户不够忠诚，但是，在很多时候，他们并没有给用户任何忠诚的理由。他们过于关注广告产品和价格，因为在过去的八九十年里他们都是这么做的。”

- **企业经营者老是抱怨用户不忠诚，但是，他们往往无法为用户提供任何忠诚的理由。**

在我的家乡——印第安纳州的克罗瑟斯维尔，我的父母也开了一家杂货店，就是那种典型的夫妻店。在我成长的过程中，通过耳濡目染，我早就意识到维护好用户关系的重要性。我的父亲就是一个鲜活的例子，在与用户搞好关系方面，他的确是个行家。

在大型卖场的狂轰滥炸下，许多特色不鲜明的企业纷纷败下阵来，而我家的小店却存活下来了。我们之所以卓尔不群，主要是因为我的父亲和客户的关系特别好。

家乡的大型卖场关门大吉了，但这并不是因为我父母的小店以超低的价格售卖汰渍洗衣粉。而是因为在该地区，在与用户搞好关系方面，没有一家超市可以与我的父亲匹敌。

马修斯继续写道："时过境迁。奥齐·纳尔逊被奥齐·奥斯本取代了。我们要做的是思考人们的购物方式发生的永久性变化。"

为用户提供他们真正想要的，既是明智之举，又有利可图。

企业应该了解用户的真正需求

思考一下：无论是乔丹·斯皮思、罗里·麦克罗伊，还是菲尔·米克尔森，他们中的任何一个人在参加高尔夫球赛时，目的都不仅仅在于晋级。他们的终极目标始终都是在比赛中拔得头筹。

那些被认为聪明的公司会为了让用户满意度分数提高 0.3% 而专门制定相关策略。而且一旦实现了这样一个小小的目标，它们就会想当然地认为用户已经满意了。

人们经常会提到一些公司，说这些公司提供了无与伦比的用户体验。这几乎已经成了企业界的老生常谈，正如霍华德·比尔的电影台词一样。这些公司并不会把目光锁定在微不足道的、渐进式的进步上。

- **与用户建立全面关系的关键在于了解用户真正需要什么。**

以下的案例大家多少都听说过：迪士尼主题公园给人们带来了与众不同的体验；西南航空、诺德斯特龙[1]也是如此；当然，还有星巴克。这些公司为什么能大获成功呢？大多数讨论都不够到位，因为缺乏洞见，缺乏对其成功所做的深入分析。同时，也有许多名不见经传的小公司在市场上脱颖而出。它们之所以在市场争夺战中取得了胜利，就是因为它们知道如何应对与用户脱节的问题。

用户是否会信任你和你的企业？

在与用户打交道的过程中，还面临着另一个问题，那就是用户信任感缺失的问题。由于他们在其他企业的负面经历，所以有些用户也会对你缺乏信任感。

在《ABA 银行营销杂志》（*ABA Bank Marketing Magazine*）中有一篇题为“与用户之脱节：横祸或是机会”的文章，作者是来自卡雷克公司（Carreker Corporation）的罗伯特·霍尔，他写道：“大型公司一旦在互动中让用户产生了不信任感，它就会削弱用户与所有供应商的信任程度。”

前一段恋情留下的创伤可能会在你的心里留下阴影，使你无力开始一段新的恋情。同样，一家公司一旦破坏了与用户的关系，用户就可能会将这段不愉快的经历带进他与你的关系中。

---

1. 美国高档连锁百货店。——译者注

霍尔继续写道："在这个世界上，所有供应商的动机都令人怀疑。一旦用户产生了这种念头，他们便会急切地寻找值得信赖的关系。他们不再停留于避免被'骗'的渴望，不再停留于避免和卑劣小人打交道的愿望。在一个时间就是金钱的世界里，不信任的代价就是极度低效。"

"不信任的代价就是极度低效"，这句话说得特别好。现在我们应当制定并执行相应的政策，为用户提供他们真正想要的东西，哪怕仅仅为了提高你的企业的效率。

企业疫苗

如果你的公司出现问题，你该怎么办？

如果因为某个问题，你的企业危机四伏，那么结果会怎么样呢？一想到这里，我们每个人都会感到头皮发麻。但是，类似的例子不胜枚举。

在堪萨斯大学教授罗希尼·阿卢瓦利亚与俄亥俄州立大学的拉奥·昂纳瓦和罗伯特·伯恩克朗特的共同研究报告"理解忠诚用户之价值"中，研究者们得出这样一个结论：品牌的承诺会在企业最需要的时候助企业一臂之力。

美国营销科学研究所的内部通讯《洞见》曾刊载了一份研究报告，研究者们对克莱斯勒公司应对商务车后门锁缺陷问题进行了调研。

对于不是克莱斯勒公司忠诚用户的用户们而言，后门锁的缺陷产生了极大影响。这直接导致潜在用户对这种车型的其他方面是否可靠产生了怀疑。

换言之，他们说："如果连锁都有问题，那这车子还有哪个方面不会出问题呢？"

而克莱斯勒公司的忠诚用户则会回答说："我明白锁有缺陷，但是锁已经换好了。不就是一把锁吗？"

换言之，一旦你对某家公司及品牌产生了忠诚度，那么凡事你都会朝正面去想，哪怕是出了问题，你也不会迫不及待地投向其竞争者的怀抱。

"和预防性药物一样，'用户忠诚度'有助于预防未来的疾病。"玛莉·B. 扬在美国营销科学研究所内部通讯《洞见》中对该研究做出如此评价。

用户忠诚度的基础是什么？它不仅仅是用户服务。它是指了解用户真正需要什么，然后投其所好，并为之努力。而且它还指了解执行这一策略无异于给你的企业打了一针疫苗。

兰斯·阿姆斯特朗的商业启示

在我们得知兰斯·阿姆斯特朗[1]成就背后的真相之前，他曾经写过一本励志书，书名叫《关键不在于自行车》（*It's Not about the Bike*）。

兰斯·阿姆斯特朗对很多东西的看法可谓大错特错，但是，在

---

1. 兰斯·阿姆斯特朗，美国职业自行车运动员。在 19 年的职业生涯中，他参加了 10 次环法大赛并实现环法车手七连冠，创造了环法历史上的奇迹。2012 年 8 月 23 日，美国反兴奋剂机构宣布剥夺深陷兴奋剂丑闻的兰斯·阿姆斯特朗七个环法自行车赛冠军头衔，并且终身禁赛。——编者注

这个问题上，他是完全正确的。是的，关键不在于自行车，而在于自行车手。成也是自行车手，败也是自行车手。就阿姆斯特朗而言，他就是败在自行车手这个问题上的。

这就为我们提供了一个关键点：重要的不是你的产品或服务，而是使用产品或服务的用户，产品或服务的开发人员、销售人员和管理人员。

你的挑战是找到那些购买和使用你的产品与服务的人真正需要的东西与细节。

这将强化用户和你的企业打交道时的整体体验。

唯有如此，才会有回头客，才会有人推荐你的企业，而这才是企业走向成功的基石。

你经营公司的目的

无论你管理的是一家全球500强企业的一个部门，还是独自经营一家小微企业，真正专注于做企业的人在其职业生涯中的某一阶段，一定会认真思考自己这么做的目的。我这么做的目的并不是想在美国企业词汇库里增添什么花哨词汇。相反，我们的目的在于要在这只我们称为“企业”的困兽的天性中增添一点儿个性化、具体化的特点。

我们都听说过许多名言警句。

- **企业的目的在于盈利。**
- **企业的目的在于获得与保持用户的同时，还能盈利。**

这两句话都对，这是对企业本质的传统看法。但是，我想我们可以，而且必须做得更好。

我个人对企业目的是这么理解的，我在《一切行业都是娱乐业》一书中也是这么说的：

- **任何企业的目的都在于为用户提供一种无法抗拒的体验，不仅能确保用户忠诚度，同时还能盈利。**

也就是说，关键不在自行车。关键在于要把你的企业当作一个平台或舞台。正是在这样一个平台或舞台上，你把用户真正想要的东西展现给了他们。

购买前

在用户第一次决定从你的公司购买商品前，他们希望从你那儿看到什么呢？

克劳斯·希格斯和耶雷·马特洛克在其著作《协商一致的力量》（*The Power of Agreement*）中引用了一个调查报告。该报告指出，要实现用户满意度必须采取五大步骤，具体说来，包括：

（1）值得信赖

（2）反应速度

（3）有所保证

（4）感同身受

（5）触手可及

我们先来简单地看一下这些步骤：

第 1 步：值得信赖

或许，对于用户而言，最糟糕的是不能信守承诺。

在本书后面的章节，我会谈到我和一家公司的故事。在过去的十年间，我一直都是该公司在全美最忠实的用户之一。但是，突然之间，该公司失去了我的忠诚，而其中最根本的原因就是它不能信守承诺。

做一个值得信赖的服务商对于一些公司而言是很难实现的。值得信赖体现在以下三个方面：

a. 人值得信赖

b. 产品值得信赖

c. 服务和用户体验值得信赖

对于用户而言，三者缺一不可，才称得上值得信赖的产品和服务提供商。许多时候，公司有很好的产品，但是人不值得信赖。或者，人很好，产品也很好，但是他们连最起码的东西或服务都处理不好。比如，单据开不好，或者其他对于用户来说很重要的东西，他们没能处理好。连这些最基本的东西都做不好，何谈为用户提供值得信赖的服务和体验呢？无论从哪个方面（产品、服务，还有我们团队的行动）来说，我们都必须成为值得信赖的服务商。

为了吸引更多潜在用户，威瑞森电信付出了巨大的努力。君迪公司（一家全球性的市场咨询公司）和《华尔街日报》分别做了一项研究。在研究中，威瑞森电信被列为“无线用户最值得信赖的选择”。事实上，威瑞森电信的广告早已风靡全美，广告词也是家喻户晓：“你现在可以听到了吗？好的！”

为什么这些努力这么重要呢？因为我们想购买的是值得信赖的产品。

斯普林特（Sprint，一家全球性的通信公司）根据美国联邦通信委员会关于“服务中断”的记录气冲冲地拿出自己的调查研究结果。原来它有一项调查研究表明，就“稳定服务”而言，斯普林特已经是八连冠了。

为什么这一点对你的企业来说是至关重要的呢？值得信赖不仅仅是招徕员工的噱头，而且是你能否留住人才的一个主要因素。

第 2 步：反应速度

在《一切行业都是娱乐业》一书中，我提到，在为一家移动电话公司演讲时，我突然有了一个新点子。

a. 我请他们介绍我

b. 接着我会拿出我的手机（因为我已经是该公司的用户），然后开始拨打客服热线 611

c. 一旦有人接听为我提供用户服务，我就会开始演讲

（我发现让听众们等上一小会儿，他们就会对快速反应能力有一个特别深刻的印象。）

该公司有一个代表向我吼道：“哦，你可不能这么做啊！演讲时间只有一个小时！”

可以发现，那家公司其实需要的是更多客服人员来接听电话，而不是请人来演讲。

要提升用户关系，首当其冲的就是“反应速度”。

用户反应涵盖了用户与你的公司可能进行的所有“接触”。它贯穿于从他只是一个潜在用户到销售完成后很长一段时间的全过程。有人给它下了这样一个定义：“持续、及时地提供一种正确的解决方

案，一种对你的用户颇有价值的解决方案。”

第 3 步：有所保证

如果你想留住用户，你就要向他们保证：

a. 选择你是正确的决定

b. 有任何困难，你会随时出现并解决问题

c. 企业和团队建立问责制，言出必行

有所保证，用户自然就会信心十足，相信一切问题都会迎刃而解。同时，它也有助于用户下定决心，选择你的产品或服务。

值得信赖与反应速度是重要的前两步。但是，有所保证才是你与用户建立良好关系的开端。值得信赖和反应速度是你的机制的产物。有所保证才是情感的功能。用户需要觉得有所保证，而他们的情感是关系的基石。

第 4 步：感同身受

“我能够感受到你的痛苦。”

他是否真的感同身受并不是问题的关键所在。有一大批投票者相信比尔 · 克林顿和他们一样，对于他们的疾苦感同身受。因此他们投出了手中的一票。

- **你的用户是否相信你真的和他们同甘共苦呢？**

很少有产品或服务是因为用户觉得完美才卖出去的！用户希望你帮助他解决问题、治疗伤痛、提升业绩、享受乐趣、赚更多的钱——凡此种种，不一而足。任何对于用户来说重要的理由都需要你能够

和他们同甘共苦。

第 5 步：触手可及

著名作家、演讲家、海波特大学校长尼多·库倍因和我私交很好。他在提供咨询服务时，经常会问那些专业人士：“你们是否留下了实实在在、触手可及的痕迹？”

- **换言之，在你提供了服务之后，在你离开之后，你是否留下了一种看得见的、摸得着的、具体的、实在的东西呢？**

这是个很好的问题。太多时候，我们只是“例行公事”，或者只是做了我们“应该”要做的事情而已，却期待用户能够记住我们的专业表现。

你可以问自己一个重要的问题：“我们是否留下了一道实实在在的痕迹，创设了一种令人难以抗拒的用户体验呢？”

了解潜在的脱节现象

在用户体验中会有六大具体的潜在的脱节现象。

研究涉及我的数百名用户（其中包括全球知名品牌领导者）的数千名用户，再加上我个人作为企业主的实际经验，都揭示了这些脱节现象的存在。

- **企业所提供的并非用户或是潜在用户寻找的，此时就会出现脱节。**

如果你想给你的用户提供他们真正需要的产品或服务，那么一共有六点你要特别关注。我们不妨打个比方，大多数企业界人士都过于注重“自行车”。所以，我们一直都忽略了各种脱节现象。

在我们罗列出具体的脱节现象之前，你可以问问自己或者自己的企业下面这样一个问题：**我们上次是在什么时候向用户询问他们真正想要的是什么？**

这个问题后半部分的每个词都是至关重要的。

“什么”——要明确找到“什么”，这是某种能让你的用户无法抗拒，并觉得你的企业真正与众不同的东西。

“他们”——不是我们，而是他们！

有一家航空公司最近询问用户是否喜欢低价票。有谁不会做出肯定的回答呢？他们问用户这个问题，实际上管理层早已知道公司想听到什么样的答案。

如果要提供用户真正想要的东西，你就必须以一种开放的心态迎接这种东西。

“真正”——换言之，就是接地气。

当然，我也希望是免费的，有人送到我面前，帮我打理好一切细节。但是，我们都知道这样的事情是不存在的。

在真实世界里，往往有一些东西对于用户而言是很重要的，而这些很可能又是你考虑不到的，或者你并没有意识到这些东西到底有多重要。

“用户真正想要的”的重点在于强调某些方面，使得潜在用户能够成为我们的忠实用户，而我们现有的用户也会因为与我们的互动而成长。

“想要”——不仅仅是用户的愿望、希望或者是最基本的需求，这其实是在询问用户确定与你的公司打交道的内在原因。

很多时候，企业只是在寻找一些基本点。

但是，如果你只关注最基本的东西，就不能把它上升到一个新高度。那么西南航空公司就没有必要在航班上讲笑话，娱乐乘客了。星巴克除了提供咖啡，就没有必要做其他任何事情了。诺德斯特龙就没有必要提供比凯马特（Kmart，美国国内最大的打折零售商和全球最大的批发商之一）更好的服务了。

换言之，管理者甚至没有必要采取行动，让自己的企业在竞争异常激烈的市场中脱颖而出了。

六个用户脱节点

如何与用户建立一种有意义的关系，相关建议与意见可谓浩如烟海。但是，如果我们努力解决这些脱节问题的话，我们就会清除路障，实现企业的目标：提供用户所渴望的。

诚如上文所言，本书的目的在于帮助你发现企业与用户之间存在的六个基本的脱节点。

这些脱节是由什么造成的？其实就是在用户所追求的与企业所能够提供的之间存在着差异。

本书下面的每个章节都将围绕这六个基本的脱节点展开。你在发现这些要点时，应该以一种开放的心态来审视你所在的企业。关键就在于你应该找出这些问题和你自己所处的现状之间的关系。

- **你面临的挑战是制订有意义的、具体的策略，一种你可以在企业或部门执行的策略，为用户提供不同凡响、与众不同的产品或服务。**

我们还将简要说明不同的企业（每一个都在细分市场中占据着独一无二的位置）如何灵活运用这些要点，从原本的脱节到形成牢靠的关系，实现令人惊叹的用户忠诚度。

你是可以和用户搞好关系的。你可以为他们提供他们真正想要的东西。而且你也可以为自己的企业在市场上赢得一个与众不同的位置。你可以在不用耗费大量资金的情况下实现所有这些目标。与其说这是预算问题，不如说是承诺和贯彻的问题。关键在于形成代表企业真正理念的宗旨。

我不是让你轻描淡写地重新审视你的企业或部门。我已经发现这对于许多人而言，或许已经成了一种颇具挑衅意味的概念。如果你的重心一直都是围绕着产品或服务，如果有人建议你的公司的立足之本在于与众不同，在于要为用户提供一种令人难忘的经历，这听起来似乎就有些匪夷所思了。

这从另一个角度解释了为什么用户服务的水平经常是口惠而实不至。

在企业中，我们似乎处于一种绝缘的状态。我们在内部都是听同样的一拨人说话，我们参加联盟会议时，遇到的是同行业的人，看的是同样的专业刊物。

在《哈佛商业评论》一篇题为“信任地理学”的文章中，沙伊-尼科尔·约尼写道：“永远只会一直依赖于内部顾问的领导者存在被卖空的风险，而且也很可能会遭到背叛。”

我认为，“内部顾问”不仅仅指你的部门或企业中的顾问，而且指你所处的特定行业的顾问。

- **你还可以通过一种极好的外部资源来获取信息、洞见，并进行创新，那就是用户。**

了解用户的观点对于建立企业所渴望的那种关系是至关重要的。他们可能会为你提供你所需要的反馈意见。

让我们直面这个问题吧！尽管我们不愿意承认这一点，但是，用户对于我们的产品或服务的了解程度往往和我们一样，有时甚至还会超过我们。因为在现实世界里，真正使用这些产品和服务的恰恰是用户。

他们“疯狂至极，再也无法忍受了”。所以，用户在寻找一种令其无法抗拒的关系，他们只和这种公司打交道。

- **关键在于：不要想当然地认为这种脱节现象只存在于 B2C[1] 企业。**

如果你所在的是一家 B2B[2] 机构，那么这些脱节现象想必你一定也见过。麦肯锡公司在《福布斯》杂志上发表了一篇题为“B2B 销售大受影响——提示：它已经变得越来越像 B2C 了”的文章，作者肖恩·兰克顿和布莱恩·斯塔福德写道：“企业销售与营销模式传统上是围绕着大型销售团队、最高管理层关系和整个企业范围的执行来进行的。但是，一种颠覆性的创新模型正在崛起，这种新兴模型

1. Business-to-Consumer 的缩写，指电子商务中企业对消费者的交易方式。——编者注
2. Business-to-Business 的缩写，指电子商务中企业对企业的交易方式。——编者注

和 B2C 模式十分相似。”

无论你是在一家全球性的巨型企业任职，直接面向大型企业，还是在一家小企业任职，直接与零售用户联系，你都必须弥合将你和那些想要获得你的产品或服务的用户联系起来的鸿沟，这样你才能从市场中脱颖而出。

在过去几年的时间里，我们请数以千计的用户回答了两个基本问题。

（1）作为一名用户，你真正需要的是什么？

（2）作为一名用户，你在和企业打交道时，获得了什么？

对比了答案之后，我们确定了六个关键领域。在这些领域中，企业自身的特点与用户的真正需要有所脱节。

无论你作为个人还是企业，如果你可以弥合这些差距，而且能够为用户提供他们真正想要的东西，你就会发现，你正行走在出类拔萃的路上，你将要在市场上脱颖而出！

用户真正需要什么	**企业提供了什么**
无法抗拒的体验	用户服务
个人关注	产品关注
互相忠诚	不断挖掘新用户
与众不同	大同小异
协调	混乱
创新	安于现状

第 1 章

脱节之一

用户真正需要什么：无法抗拒的体验

企业提供了什么：用户服务

我坐在已经撞得稀碎的汽车里，气囊里的灰尘沾满了我的西装。

我的耳朵里依然回荡着撞车瞬间的巨响。我用尽全身力气打开车门，走到另一辆车的驾驶员那边，查看了他的情况。报警之后，我整个人还是晕乎乎的。我意识到我还得再打一个电话。我开的是从赫兹公司租来的车。

我在脚踏板上找到了手机，从杂物厢里取出汽车租赁合同。我知道副联上有一串电话号码。我已经有二十年的租车史了，此前我一直都没有机会用到这个应急电话……现在机会来了。我知道袋子上写着他们的广告："如果您遇到了车祸，先打电话给警察，再打这个电话给我们。"

我已经报过警了。现在我应该打电话给赫兹公司，并告诉它我刚刚把它的一辆车全毁了。

"这是赫兹公司。"电话另一头有一个温和的声音问道，"您需要什么帮助呢？"

"嗯，不好意思，我以前从来没有使用过这个电话，但是我租来的车全毁了。"

“好的，先生，我明白了。您没事吧？”

“是的，女士。我没事。谢谢您的关心。”

“您能告诉我您的名字吗？”

“好……斯科特·麦克凯恩。”

车祸，加上炎热的下午，再加上车祸导致的交通阻塞（那时正值纽约市的交通高峰期），我的脑袋还在嗡嗡作响。

“麦克凯恩先生，您确定没事吗？”赫兹的客服人员继续问。

“嗯，我现在还有点儿蒙，但是我没受伤。”

“我希望您能确认一下。”她说，“车毁了，赫兹公司随时都可以再买一辆。但是，我们必须确保您没事。”

就在这样的时刻，赫兹公司把普普通通的用户服务变成了无法抗拒的体验。也就是在这样的时刻，它提供了我真正需要的东西。

用户满意度

现在，我们不妨让思绪飞上几分钟吧：我们先想象一下，你遇到一个你相信会成为你灵魂伴侣的人。对于你而言，她就是完美的，你想和她一起度过余生。你会给她送花，给她带礼物。和她一起吃饭喝酒时你总是热情如火、激情四射。

你单膝下跪，握着她的手，战战兢兢地问她，她对你有什么感觉，对你们的新关系有什么感觉。

她回答说：“嗯，我觉得挺满意的。”

对于这样一种回答你是否会感到受宠若惊呢？

当然不会——你希望她也会如痴如醉、无法自拔地陷入爱河！

- **在这样一种纯粹个性化的情境中，“满意”会让我们大失所望。那么，为什么我们会觉得只要让和我们打交道的用户“满意”就好呢？**

我们同样希望他们也对我们的产品和服务如痴如醉。

为什么在谈到我们对于用户的目标时，只要“满意”就可以了呢？

益普索集团是一家大型国际研究机构，也是我们的用户。该集团的内部刊物《益普索理念》（*Ipsos Ideas*）刊载的“超越简单的满意，用户惊喜的作用”一文中，作者蒂莫西·凯宁汉姆、道格拉斯·普鲁登和名誉主席特里·范瓦雷等人给出这样一个令人震惊的数据：

“长达五年多的时间，人们集中精力为提升用户满意度而努力（美国每年花费在提升用户满意度上的经费是 8 亿美元），但是，美国用户的满意度并没有得到提升！”

上述作者有一个尽人皆知但振聋发聩的观点：

“在调查这种努力带来的结果时，我们不得不给出这样一种结论：极少满意度提升项目可以真正提升用户的满意度！”

心怀不满的用户会怎么样？为什么他们会弃我们而去？相关的数据我们所有人大概都见过：

a. 离开该地区 3%

b. 与服务商建立了另一种友谊 5%

c. 选择了竞争对手 9%

d. 对你的产品产生不满 14%

e. 无法忍受员工的态度 68%

其他研究表明，心怀不满的用户中只有 4% 的人会提出问题，91% 的人从此以后不再从你的公司购买产品。这个数据自然可以说明在心怀不满时，用户会意气用事，但与此同时，它也说明了大多数公司的用户回笼计划质量堪忧。

但是，在对该研究结果做出回应时，我们是否运用了某种经不起推敲的逻辑呢？

在我们明白了用户不满可能带来的那种破坏性结果之后，我们是否想当然地得出了一个看似符合逻辑的结论呢？即用户所需要的就是“满意”。这听起来似乎很有道理？“不满”的对立面一定是“满意”，不然还能是什么呢？

我们再回到前文关于谈恋爱的例子上来。双方的关系如你所愿朝着美好的方向发展，你爱的人也会爱上你。

但是，如果恰好相反呢？

我们一般会认为“爱”的对立面是“恨”。但是，如果你爱的人并没有爱上你，那么是否意味着她会恨你呢？当然不是。

心理学家告诉我们，爱的反面不是恨，因为恨这种情感也夹杂着激情。

爱的对立面是冷漠。

用户的不满遵循的模式也是如此。尽管听起来很奇怪，但是不满的反面并不是满意。研究表明，比起那些只是感到“满意”的用户，不满的用户反应特别强烈。

如果满意用户的反应是不满用户的反面，那么我们会发现满意的用户有相当程度的忠诚。但事实并非如此。

我的好朋友杰弗里·吉特默几年前写了一本书，书名经典又值得深思：《用户满意一钱不值，用户忠诚至尊无价》（*Customer Satisfaction is Worthless — Customer Loyalty is Priceless*）。

即使那些声称与杰弗里 · 吉特默观点相反的人，在试图反驳他的观点时，也会觉得困难重重。迈克尔 · 洛温斯坦在发表于《聪明的营销者》中的一篇文章中称,吉特默的提法“既夸大其词,又流于肤浅”。

但是，他紧接着又说：“虽然在满意与忠诚之间有些许关系（尤其是在用户与供应商极少直接互动的环境之中），仅仅以满意为标杆我们往往很难预测出用户的忠诚度。”

这一说法不是恰恰证明了吉特默的提法吗？

我再来给大家说一说小企业的情况。我们需要的是忠诚的用户。你很“满意”了，但是你还是选择了别的商家。这对于我们而言毫无用处，对于任何一家公司而言，用户忠诚都是至尊无价的。

我觉得之所以出现这样的问题，一部分是因为我们有三个术语，其意思各不相同，但三者又经常互换使用：

- **用户满意度**
- **用户服务**
- **用户体验**

我们必须明白，从用户的角度来看，这三样东西是各不相同的。除非我们真正明白其中的不同之处，否则我们在制定和执行有助于提升用户忠诚度的战略时就会觉得尤其困难。

体验和服务的区别

我在全美巡回演讲的过程中，发现专业人士最难把握的概念之一就是用户服务与用户体验之间的根本区别。

要解释这一点，我们先来看看“用户互动的三个层次”具体指的是什么。

第一层次

你去过那里几百万次了。你在驾车通过当地一家快餐店时，你排在第四位。前面的车辆行进得非常缓慢，它们缓缓地通过了等候线，来到了对讲机前，开始下单。

最后终于轮到你点午餐的时候了，话筒里传来一段话：

“下午好，欢迎来到汉堡王，您准备点单了吗？”

话筒里传来的那种过于拿腔拿调的声音让你想起 20 世纪 70 年代初你参加过的摇滚音乐会。你下了订单，买了午餐，然后你就会听到“谢谢您，下一个窗口”。

一个面无表情的、嚼着口香糖的收银员收下你的钱，然后指引你去下一个窗口。到了下一个窗口，又有一个面无表情的员工装了一袋食物给你，并毫无感情色彩地祝你用餐愉快。

这个例子听起来是不是很耳熟？

还有一个例子，你在机场排着长队，好不容易排到了队伍的最前头，值机工作人员喊道，“下一个”。于是你走上前去，他劈头盖脸地就来了一句：“您去哪儿？”说了目的地之后，值机工作人员又像往常一样问起了个人信息：“姓名？”

把姓名以及奇奇怪怪的代码输入电脑后，他一边咂着嘴一边等着，正眼都不瞧你一下。显然，面前的电脑屏幕告诉他你确实已经购买了机票，于是他又问你：“有需要托运的行李吗？”

你托运了行李，拿到了登机牌，出示了身份证……整个过程中值机服务人员始终没有用上你的名字。

现在到了旅行中最激动人心的环节，我们称之为“机场安检”。你排着长队等着过安检，这大排长龙的架势显然是要把你置于误机的险境中。你排到了队伍前头，安检人员让你解下皮带，脱下鞋子，抛开自尊。你从公文包里取出笔记本电脑，以及一大堆你原本已经摆放整齐的东西。谢天谢地，探测器并没有对你“哔哔”作响。于是，你一路狂奔，冲向登机口，毕竟你不想错过飞机。

终于到了登机口。登机流程和屠宰场中的待宰牛羊大同小异。检票员让有“特殊需求”的乘客，如儿童、贵宾、头等舱旅客等优先登机。终于轮到你登机了，你禁不住要感谢上帝刚刚托运了行李，否则你就得拎着手提行李，在已经塞满行李的行李架前一筹莫展。

你好不容易找到自己那个夹在中间的位子，一边挨着一个退休的相扑运动员，一边挨着一个刚从本州监狱里放出来的假释犯。后排的妈妈带着啼哭不止的婴儿，她四岁大的孩子还不断踢你的椅背。空姐空少们都倦容满面，他们必须在 40 分钟内为全客舱旅客提供服务，她们塞进你手中的咖啡都快凉了。熬过这 60 分钟地狱般的折磨，你终于到达了目的地。

在上述两个例子中，餐厅和航空公司都会告诉你，它们完成了自己分内的工作。它们这么说也情有可原。

你确实吃到了饭，也到达了目的地。你买到了食物，也不用苦苦等待。你到了自己想去的地方，还喝了一杯咖啡且准时到达。

但你并未获得用户应得的服务，你仅仅是被应付了。这是与用户互动的第一层次。

问题在于很多商家都混淆了应付与服务之间的关系。这样的误解是导致用户在消费过程中遇到相当一部分问题的原因。

换言之，用户与公司对“用户服务”的本质有着大相径庭的定义，许多公司都忽略了这一点，因此总是想不通为何自己的生意会失败。

千万别误解我的意思！改善与用户交易的方式仍尤为重要。以埃克森美孚公司开发的 Speedpass 快速支付系统为例。基思・H. 哈蒙德曾在《快公司》（*Fast Company*）杂志上发表过一篇文章，文中说：

> 用户只需要拿着一个小装置，在加油站读卡机上轻轻一刷，信用卡便能自动扣款，使得原本每次耗时三分半的交易缩短了半分钟。而这省下的半分钟时间着实令人无法抗拒：持有 Speedpass 的用户（过去四年里，Speedpass 已有五百万名活跃用户）相比于其他用户而言，平均每个月在埃克森美孚加油站加油的次数要多一次，也就意味着每个月会多消费 2% 至 3%。埃克森美孚虽未提供 Speedpass 使用情况的具体数据，但目前节节攀升的收益证明，加油站在扫描技术上投入的 1.5 万美元是物超所值的。

请注意《快公司》用来描述 Speedpass 重要性时所使用的词语。Speedpass 的成功之处在于其“不可抗拒”的特点。提高交易速度与效率是用户们喜闻乐见的一种进步。

但是，这也为竞争者提供了轻易效仿的机会。例如，我家边上的一个加油站也安装了自有的系统。若你认为改善交易过程便能使你的公司具有旷日持久的竞争优势，就能彻底与众不同，就能始终立于市场的不败之地，那你便大错特错了。

- **事实上，在当今世界，凭借技术带来的竞争优势鲜少能够持续长久。**

有意思的是，埃克森美孚从一开始就深谙这个道理。基思在文中继续写道：

> 这里体现了埃克森美孚在商业思维上的飞跃。Speedpass 的价值不在于其技术的独有性，而在于其与这五百万名用户建立起的关系。能得出这种分析结论，对这家当时市值约 2 300 亿美元、以保守稳重策略闻名的公司而言无疑是个显著的进步。分析称，放弃独有性意在获得更强有力的支持。

正如上述文章所言，Speedpass 的成功之处在于优先考虑用户关系而非技术运用。

只有当用户不觉得企业对自己应付了事时，对公司而言，交易提速才是有价值的。

交易过程中如何避免给用户留下应付了事的感觉？

其实步骤很简单，而且几乎不花一分钱就能为用户提供他们真正想要的东西。以下是四个小建议，它们会一改敷衍应付的作风，也更对用户的胃口：

a. 尽可能多地使用用户的名字

b. 不过于关注速度，而是增加交易过程中的人情味

c. 适时使用幽默

d. 使等待成为体验的一部分

——**尽可能多地使用用户的名字。**如果用户的名字就摆在你面前，或者很容易问到，为什么不用呢？这不费吹灰之力，还可以无限拉近交易双方的距离。

——**不过于关注速度，而是增加交易过程中的人情味。**还记得电影《凌云壮志》中麦德林和古斯异口同声喊出的那句经典台词吗？“我感觉到一种需要——速度的需要！”

对飞行员而言，这确实是条好建议，但在改善用户关系方面，这却是个馊主意。

不要误会，若非必要，没有人愿意多等一秒钟！但是，也没有人想“被匆匆轰走”。

由于“交易速度”比“交易的友善程度”或“交易的完善程度”更容易衡量，我们便专注于为用户提供更快捷的服务。有些公司甚至让用户觉得自己纯粹是凑数而已。用户一旦产生这种感觉，他们便不会再忠诚于你的企业。

——**适时使用幽默。**或许，更妥帖的说法应该是“适时适当地使用幽默”。

在与用户互动过程中适当增加一点儿幽默，有助于建立良好的用户关系。西南航空的空乘人员在飞机起飞到降落的全过程中使用的各种幽默都是我们耳熟能详的例子。

不久前，我在西南航空的飞机上经历了一次惊险异常的降落过程，颠簸得骨架都快散了！待飞机开始滑行之后，空乘从容淡定地对着广播吐槽：“机长正将飞机开往航站楼，我们衷心感谢幸存下来的各位搭乘西南航空！”

只需要一点点幽默，便能使用户感到员工并非在生搬硬套公司的要求为用户以及潜在用户提供服务。但是，不要忘记所有的幽默都必须适时适当。

——**使等待成为体验的一部分。**没人愿意排着长队办理入住，但在拉斯韦加斯梦幻酒店的前台后方有个神奇的水族箱能让人心平气和地等待，能让等待成为体验中有趣的一部分。在曼德勒海湾酒店，一个身着奇装异服的女士会走到队伍中，向用户展示手上五彩斑斓的鹦鹉。

怎样才能把用户可能需要忍受的漫长等待变成整个交易过程中积极的一部分？

在梦幻酒店、西南航空、曼德勒海湾酒店，用户就没有被应付了事的感觉。

你的用户又是什么感觉呢？

第二层次

下面这段话你是否熟悉呢？

“××× 公司感谢您的来电。我们致力于提供一流的用户服务。现在客服业务忙，稍后将为您转接至人工客服。”

无聊的背景音乐响了 10 秒左右，然后从听筒传来这样一句话：“由于电话接入数量高出预计数量，您的等待时间将超过 20 分钟。”

什么？你在逗我吗？××× 公司的这些人都是大骗子吧？（在这里我不假思索地就称其为骗子了！）

如果它真心诚意地“致力于提供一流的用户服务”，它就不会让你等 20 分钟才有可能接通客服！

我接触过的一家移动电话公司，该公司的用户热线录音连续两年不变，都是“电话接入数量高出预计数量”。

难道就没有一个人去重新检查并升级一下“预计数量”吗？

那么，到底何为用户服务？

我上谷歌搜索了一下“用户服务”的定义。以下是我找到的一些定义，括号里是我个人的一些看法：

> “卖方提供的、旨在打造令人满意的双方关系的活动和方案。”（基本定义，听起来不错，但是要记得我们上文提及的“用户满意度”的真正价值之所在。）——摘自英国北方大学联盟网站
>
> “指支持订单的活动，包括订单申请，订单咨询，订单配置，订单处理，售后沟通和特殊服务。其主要目的是提升用户满意度、运营效率及用户忠诚度。”（这听起来像某个委员会写的。）——摘自咨询公司 FiveTwelve 集团官网
>
> “给予用户的帮助及礼遇。”（通常涉及用户服务时，帮助的程度可别变成第三等级[1]。）——摘自美国国家商业研究所官网
>
> “公司中为新用户提供产品信息、帮助和/或技术支持，并向他们出售他们需要或想要的产品或服务的区域。”（这个定义简直让我火冒三丈！）——摘自霍尔沃森-奎格利管理系统商业问题解决策略官网

只需要读一读上述定义，你就会理解那些正在逼疯用户的客服

1. 原文为 Third Degree，指严刑拷打。——译者注

水平与质量中存在的基本问题。

我所列举或未列举的定义都谈到了“活动”、“方案”和“帮助的程度”。

但无一谈及一家公司对用户应有的“价值”、“承诺”或“使命”。

其中的一条定义甚至把用户服务局限于“公司的某个区域”——好像只有那个部门或区域才有责任满足用户需求，才有义务对用户需求做出反应一样！

顺便提一下，我很讨厌“超出用户预期”这个提法。也许，我只是为数不多的有这种想法的人。

大部分用户都被公司利用甚至是滥用了，他们只期待着你的公司早日倒闭。所以，你还打算“超出用户期待”吗？可别把期待值设得太高了。

面对现实吧，“超出用户期待”只是毫无意义的陈词滥调。

你是否真正地评估过用户的期望？

用户期待包含什么内容？

你又是如何得知的？

你该如何测量满足用户期望是否能够为公司带来经济效益？

你会在多大程度上“超出用户期望”，仅是一个百分点吗？

你如何得知自己已经成功？

更重要的是，你如何判断自己是否失败？

- **无论你的产品是什么，用户都是你存在的唯一理由！**

在本书第一版中我引用了《财富》杂志中一篇关于癌症新疗法的文章。文章引述了一位医疗企业家的评论，他说自己的公司“存在的目的就是获得美国食品药品监督管理局的批准，批准其使用独一无二的化疗方法”。

我明白他所言何意，也明白他所言的目的。同时，我也理解这样的公司没有美国食品药品监督管理局的批准就无法获得用户。

但是，在我看来，美国食品药品监督管理局的批准仅仅使该公司有资格进入市场，要想成为市场上的中坚力量，更重要的是治愈癌症患者（即该公司的目标用户）及延长患者寿命。

换言之，你的公司不是为了“获得批准”而存在的。获得了美国食品药品监督管理局的批准却得不到用户的青睐，最终公司也只能破产。

我接触过的许多公司领导都抱有这样的想法，认为公司的存在是为了制造出更好的产品，抬高股价，稳固市值，拓宽业务，然后卖出产品，得以“日进斗金”，并获得其他回报。在我看来，这是目光短浅的表现，最终会带来副作用。

你的公司，每一家公司，都有一个唯一的目的：在保证收益的前提下为用户提供无可抗拒的体验，以确保用户忠诚度。

再回到之前讨论的定义问题：关于用户服务的定义足以解释导致公司与用户脱节的原因。这些定义缺乏发自肺腑的承诺，即每一家企业都应该发自肺腑地向用户做出承诺，保证为其提供相应水平的用户服务。

为何在现实世界中这种情况屡见不鲜？

原因在于，衡量的标准不同。执迷于衡量标准常常导致公司无法在提升用户服务水平上立竿见影。

“如果你只有一把锤子，每个问题就都是钉子。”

猜猜公司管理者会怎么做呢？他们本应该从用户真正想要的东西入手，为用户服务重新、认真下定义，但是，他们偏偏从那些易于衡量的活动入手，以取得的点滴进步作为用户服务的标准。

比如，想要衡量“麦当劳得来速”员工的友善程度较为困难，因此，我们便将服务用户的“速度快慢”作为“服务好坏”的标准。速度易于计时，因此也易于衡量。

但是，请思考一下：你会把车开进一家挂着“虽然态度欠佳，但是贵在神速”的快餐店吗？

航空公司无法衡量空乘对用户的同理心，但是它却可以衡量航班是否准时起飞。

想象一下：你正在芝加哥奥黑尔国际机场狂奔。你最喜爱的一家航空公司明知你的转接航班晚点了，而你正朝着它的登机口狂奔。但是，它仍旧关闭了登机口，撤走了登机道，以确保公司符合规定标准，即保证准点率。哪怕这意味着它可能会失去一位忠诚的用户，它也在所不惜。

有一个协会名为“用户满意度测量协会”，其宗旨之一在于“支持各企业向行业标杆学习，以提升服务；支持各企业获得更高层次的用户满意度”。

请不要误解我的意思：我丝毫没有说向标杆学习或制订测量（衡量）标准无关紧要。事实上，它们有举足轻重的意义。

但是，我们至少要扪心自问一句：在为用户服务下定义时，我们是否偏向于采用更容易衡量的活动作为标准并因此遵照执行呢？

我们耗费数十亿美元来提升用户满意度。但我们的大部分用户却告诉我们，他们的满意度并没有因此提升。所以，将衡量标准视为有助于我们了解为何“花费巨大但收效甚微”的因素之一，也就说得通了。

以下我们将以家具行业为例，说明衡量标准带来的弊端。布里特·比默是个目光长远的人，他创立了备受推崇的美国研究集团（ARG），并担任 CEO（首席执行官）。美国研究集团曾在全美约 5 000 名家具购买者中进行了一项调查，旨在了解他们来年的家具购买计划。研究显示，84% 的美国用户回答说不知道如何衡量家具垫衬的质量。也有三分之二的用户回答说不知道如何衡量夹木家具的质量。因为大部分家具的“内脏”是看不见的，所以用户称他们无法评价其真正的质量。

那么，用户是如何判断价值的呢？是通过他们对家具的感觉来判断的。

当用户用自身感觉来评价你时，你又该如何衡量你所提供的用户服务是好是坏呢？

在《企业研究中的竞争情报与测量过程》一文中，计算定量风险分析首席研究员约格斯·马尔霍特拉博士写道：“测量可以定义为确定特定分析单位特定属性的质或量的值或水平的过程。在企业研究中，特定分析单位可以是个人、团体或组织本身。”

我确信，从理智且明智的观点看，马尔霍特拉博士对测量的看法是准确无误的。并且，这种看法对任何一家公司的成功都有无可置疑的重要性。我也很确信，一定会有许多研究打算采用这种衡量标准来测算用户对家具垫衬、汽车等一切产品的感觉。

但是，我有一句建议：最好的办法是改变思维。如果你的测量重点停留在第一层次（即例行公事）的活动上，那么你根本不是在衡量“用户服务”！你衡量的只是自己在应付用户上有多成功。

弗雷德里克·达尔斯坦是麻省理工学院和瑞典查尔姆斯理工大学的研究员，也是沃尔沃汽车公司市场情报部经理，他在《麻省理工学院斯隆管理评论》上发表了一篇名为“走出用户服务怪圈”的文章，文中阐释了这个问题。达尔斯坦指出，一旦测量的变量选错了，而且使用了“错误”的信息，就会曲解用户满意度。

通过研究与实践经验，达尔斯坦得出两个重要结论：

公司及管理者应该测量质量。

公司及管理者应该专注于创造积极、感性的用户体验。

你需要意识到，用户期望你能够及时、高效、持续地提供第一层次的服务。从在收银台结账到收取复杂的月度发票，用户期望商家处理这些问题的过程是准确无误、井井有条的。作为用户，我们理解交易过程中难免会出现需要应付了事的成分，但我们不希望与商家的关系仅仅停留于此。

- **值得注意的是，如果你连第一层次都做不到，那么用户忠诚度、与用户建立深厚关系将无从谈起。**

如果我要排一个小时的队，我的账单总是出错，你总把错的三明治放进我的购物袋里，或者不能及时回电，我凭什么要给你再次合作的机会呢？

我们都是普通人，犯错有时难以避免。然而不幸的是，许多公司的关注点都在如何“粉饰错误”这个层面上，这样就为员工的草率行为创造了借口和条件。如果你的关注点停留在“亡羊补牢”上，员工又如何敢大胆地纠正错误呢？

- **请将这句话奉为行事准则：用户希望你做好，而不是纠正好！**

正确处理了用户需求后，他们会问：“接下来呢？”这就将我们带到第二层次。换言之，你要如何用行动证明你向用户提供的服务是你们公司组织的固有成分？

想一想上文的定义。如果选这一条：“公司中为新用户提供产品信息、帮助和/或技术支持，并向他们出售他们需要或想要的产品或服务的那个区域。”这听起来像真心实意想和用户搞好关系吗？

于我而言，这更像是：“我们公司中的这个区域为我们的产品提供帮助和支持，并向倒霉蛋出售其他东西。”这可得不到用户的忠诚，用户也不可能对你做出承诺。

用户想要知道你在他们身上十分费心费力，为他们提供的服务不仅仅是为了处理他们的需求而已。但若你选错了测量对象，你得到的结果显然就是错的。

我的一位朋友是一家公司的 CEO，前一阵我们在电话里谈论过这个概念。他所经历的事情被我称作“对显而易见的问题视而不见”。他说自己能够详细叙述出好几场研究会议，会上评估了其公司在用户服务上所做的诸多努力。

他说：“你也知道，我相信没有任何人会突然打断会议，说‘我们真的确定这是用户想从我们这里得到的吗’？”他继续说：“而我觉得这太可怕了。”

但关键是，会可怕到让你在公司会议上提出这个问题吗？

第二层次——用户服务——应该意味着你的公司承诺对待用户会更上一个层次，而不仅仅停留在敷衍了事的层面上。这意味着你们作为一个部门、公司或行业，你们承诺要达到更高的水平。而你知道，这个标准应该由用户决定，而非你们自己决定。

但是，这个由用户决定的标准总是不断变化的，而且越来越难。

综合餐饮公司在美国 13 个州、英国、阿联酋、埃及等地设有 91 家全资公司和 24 家加盟餐厅，美国得克萨斯州达拉斯分公司分管培训的副总裁尼克·加维在《全国餐馆新闻》杂志中提出一个很有意思的观点。他说：“门槛被抬高了。有能力把 50 美元每人次的用户体验降为平均 15 美元可以促使我们成长。我认为，休斯敦餐厅多年前已经悟出了这个道理。”

这也解释了为何加维将自己三个高级餐厅内采用的服务模式也带到了大众餐厅里。

但是，这里有一个问题：你如何将 50 美元每人次的服务标准提供给仅支付 15 美元的用户呢？

答案是：不用。你要从第二层次——用户服务——上升到第三层次，即用户体验，这才是用户真正想要的。

第三层次

你是否注意到上文中的副总裁并没有提及“服务”这个词，而使用了“体验”二字，这种做法颇有深意。

用户服务水到渠成时，就有了用户体验这种强烈的感受。服务完美无缺，而且用户由衷地产生了某种无法抗拒的情感元素。这意味着，此时你在第一层次和第二层次上已经完胜。但是，你要做的不仅仅是停留在应对、帮助用户上，你还要打动他们。

捷蓝航空公司十分擅长打动乘客。它不只是把乘客从一地载往另一地，而是创造良好的乘坐体验以打动乘客。事实上，有些乘客甚至感动到为它撰写诗篇，歌颂它。

专栏作家惠特尼·蒂尔森在 The Motley Fool（美国一家知名的金融分析网站）的投资理财论坛上对捷蓝航空公司做出一段评论：

> 对于任何一个行业而言，持续提供一种超乎寻常的一流用户体验是获得长远成功的诀窍。但是，要做到这一点却困难重重，要历尽千辛万苦。一旦苦尽甘来，便可创造良性循环并获得强有力的竞争优势——而这种优势让竞争者与你无法匹敌。捷蓝航空很清晰地意识到这一点，结果也证实了这一点。我相信，捷蓝不仅仅是我看到过的最优秀的航空公司，也是世上最成功的企业之一。千真万确。

许多报道都引用了其创始人大卫·尼尔曼在创办该公司时定下的使命："把人情味带回客运航空是我们最根本的目标。"

正如蒂尔森所言：是人情味。注意尼尔曼的措辞，他没有说"把低价机票和优质服务带回客运航空"。他说，事实上大部分航空公司对待乘客的方式都缺乏一股人情味，因而他决定让捷蓝航空变得"与众不同"。

西南航空所创造的优质乘客体验被媒体广为报道，或许已成了老生常谈。但是，我们应该注意的是：西南航空做到了独树一帜。它之所以能够如此，一部分原因就在于它为乘客创造的独特体验：空乘给乘客讲航空旅行的笑话，多年来飞机餐只提供花生，没有固定座位——这些都是由西南航空引入的标新立异的做法。

捷蓝航空明白不能简单复制西南航空的做法，必须另辟蹊径。如果你搭乘过捷蓝航空，你就能感受到它提供的乘坐体验确实与西南航空截然不同。

作为乘客，无论搭乘哪家公司的飞机你都能得到服务。这两家行业相同却各有千秋的公司，通过各自提供的乘坐体验与对方（以及其他航空公司）区别开来。

在上升到第三层次的过程中，最大的挑战也许来自公司内部，而非你想吸引的用户。

美国管理协会、布朗咨询公司、深度用户关系公司联合发起一项研究，研究有关用户导向的企业表现，结果显示：

> 对经营者而言，最大的挑战其实存在于公司内部：开展部门间的合作、进行变革、引领全公司范围的综合性项目。但是，经营者表示，其最重要的角色之一就是利用领导力，在公司内部形成合力，在全公司上下实施以用户为中心的战略。

鉴于用户被视为公司某个“区域”或部门的责任（至少从引用的定义来看，部分公司明显抱有这个想法），我们对经营者产生这样的角色定位也就不足为奇了。如果你的公司只有个别部门关注用户，那应该如何开展部门间的合作，真正实现变革并协调全公司的项目呢？

答案是：你做不到。

好吧，我再加一个前提条件。只有当你拥有能使上述行为变为可能的领导力时，你才能做到。但是，如果你的公司仍把应付用户、服务用户和提供用户体验分由三个不同的部门负责，那你就面对现实吧：你的领导能力也许不怎么样。

我的作家朋友蒂姆·桑德斯说得很透彻："公司不仅要提供高质量的产品和服务，也应提供出其不意、引人入胜的用户体验。其重点不再是突出用户能获得多少好处，而在于创造情感上的触动。"

但是，对大多数管理者而言，这就是症结之所在。你获得的培训和经验中有多少是与"创造情感触动"有关呢？我的一位首席财务官朋友曾告诉我，培训带给他的情感只有恐惧和厌烦！

现在我们看到公司与用户之间存在的根本性脱节：

（1）公司所认为的服务（第二层次）对用户而言只是应付（第一层次）。

（2）公司所认为的体验（第三层次）对用户而言只是服务（第二层次）。

（3）用户真正想要的是体验（第三层次），但多数公司对如何创造满意的用户服务毫无头绪，因为这完全超出公司的经营规划与员工的能力范畴。

用户体验包含哪些元素？

首先，在第一层次、第二层次上，你应起到典范作用。如果连起码的应付与服务都做不到，还夸夸其谈，说什么你会为第三层次殚精竭虑，纯粹就是对牛弹琴。

这说得轻巧却行之不易。许多公司都败在这一点上。除非他们真能做到劲儿往一处使，力往一处用，否则所有向第三层次所做的努力均无从谈起。

如果我前面的队伍长得令人无法忍受，装进我购物袋中的食物不是我要买的，那么无论你给我带来何种“情感上的触动”都不重要了。你已经失去了我这个用户。

如果要弥补第一层次与第二层次中的不足，请采取行动吧！立刻行动！只有当你采取行动之后，你才能为用户创造他们真正想要的与众不同的体验。

那么，第三层次与前两个层次究竟有什么不同呢？

因素很多，说法也很多。但是，归根结底，我认为无非就是以下几个方面。

达到第三层次的公司都融合了以下三个元素：

a. 无所不知，无所不晓

b. 想用户所想，急用户所急

c. 用户情感至上

无所不知，无所不晓

达到第三层次的公司对用户的了解远远超过在第二层次上止步不前的公司。

它们想方设法了解用户所想、所需、所求。但是，它们并非仅仅止步于完成一单销售业绩，它们总是想更上一层楼，总是想挖掘更多有关用户的信息。

这里所谓的“无所不知，无所不晓”指的并不是你知道有一定比例的用户喜欢中等水平的风险投资，而不喜欢高风险投资。而是你明确了解哪个用户有这种偏好。你知道这些用户的名字，也知道为什么他们会有这种偏好。

在达美林证券的一场会议上，来自埃森哲咨询公司的发言人讲话快结束时我走进了会议室。虽然我已记不清他的名字，但他说的话却让我记忆犹新。

埃森哲对美林证券的竞争对手瑞银集团进行了一项研究。他将要点概括如下：在当时的欧洲，瑞银集团在“超”高净值用户市场占有极高份额。发言人指出，埃森哲发现瑞银集团对待欧洲市场的用户有几个妙招。

无疑，瑞银集团穷尽一切办法挖掘用户的经济状况，但是他们发现，真正为他们带来用户忠诚度的体验，绝非金钱所能创造。

举个例子，他们会去了解高级客户最喜欢的艺术家有哪些。为什么呢？因为当财大气粗的大客户来公司与财务顾问见面时，会见厅里就会挂上他（她）喜爱的艺术家的画作，虽然只是复制品。

他们会去了解客户子女们喜爱的体育运动。为什么呢？因为这样财务顾问就可以订阅运动杂志，并直接寄给孩子。

发言人举这些例子是为了说明，瑞银集团希望他们的客户明白，比起客户手中的钱，它更关注的是客户本身。而且，他说：“如果不是因为你无所不知，无所不晓，你根本无法做到这一点。而这类信息是大多数业内人士所不齿的。”

- **你的公司真的比你的竞争者更了解用户吗？**

我知道我最重要的用户最喜欢的红酒是杜克霍恩解百纳。他是一位十足的红酒品鉴专家。当然，其他珍稀年份的红酒也让他倾心，但是，如果非要选一个常喝的、最喜欢的牌子，则非杜克霍恩莫属。

- **关键的一点是：并不是因为他是我最重要的用户我才了解这一点，而是因为我了解了这一点（还有其他许许多多的信息），他才成为我最重要的用户。**

本杰明·富兰克林曾经说过："在任何一种语言中，最美好的声音莫过于自己的名字。"我相信在今日的商业世界中，最美好的声音——创造第三层次的真正力量——出现在他人尽心尽力去了解你所珍视的一切的时候。

但是，还有一点值得一提：你应该学会巧妙地、收放自如地使用这些信息。告诉用户及潜在用户你无所不知、无所不晓的最佳方式是向他们含蓄地展示这一点，而不是直截了当地告诉他们。

把一瓶杜克霍恩红酒作为礼物送给用户就对了。如果你对用户说"我知道你小孩的名字，你最喜欢的艺术家，你最喜欢的红酒"，那就错了。我相信瑞银集团的顾问不会一本正经地指着墙上的画说："看，您最喜欢的艺术家啊！"他们根本不需要这么做，画挂在那儿就足以说明一切了。

想用户所想，急用户所急

听起来有些矛盾，不是吗？当"想用户所想，急用户所急"成了公司不可或缺的一部分时，其效果不就大打折扣了吗？

当然。所以，你要做的是将同理心化为"企业基因"的一部分。

你的原则就是，“想用户所想，急用户所急”应放在首位，其次再考虑是否符合程序。

《大英百科全书》中对“同理心”的定义为：“一种设身处地了解他人情感、渴望、想法与行动的能力。”哪位用户不想在商家那里得到这样的同理心呢？

我的朋友拉里·温格特，《纽约时报》的畅销书作者，著有《返璞归真》（*Shut Up, Stop Whining, and Get A Life*）一书。他经常向听众说起自己在一家全美连锁零售店里的糟糕经历。

每一次当他提起这一段，说到售货员告诉他那件事自己办不到，因为“这不符合公司……”

全体观众都会异口同声地接道：“规定！”每次都如此。

我们都听到过类似的话。

“公司规定不允许这样做。”

“不行，老板不允许我们改变菜单。”

“抱歉，我们不能那样做。”

拉里的回应是：“恭喜你，现在你有机会了。”

秉持这一原则的丽思卡尔顿酒店为我们提供了许多完美的解决方案。我注意到，酒店员工几乎每一次都会用三个字来回答：“没问题！”

请注意：别以为教会了员工这三个字就万事大吉了。员工必须将其当作公司原则来执行。“没问题”意味着我们重视你的要求，意味着你的要求有价值，意味着我们把用户置于公司规定之上。

但是，这里的关键是：**“没问题”就是公司的规定**。这句话将“想用户所想，急用户所急”融入了企业文化之中。

显然，必须合法、公正、负责地处理问题。最佳的检测手段莫过于：既然我们已经有了上述规定，如果员工破坏了公司规矩去讨好用户，去让用户感到惊喜，那么此种行为是值得赞许，还是应该受到惩罚？

退一步想一想：如果员工破坏了规矩，你首先关注的是用户还是违规问题？你会问用户员工的所作所为是否给他带来了积极的影响，还是会关注有人打破了常规？

当你创造了用户体验，将用户互动提升到第三层次之后，你就具备了终极竞争优势。例如，有一次在克利夫兰开会时，我是威廉姆斯公司的主旨发言人。

官网上的公司介绍写道："威廉姆斯公司，1912 年成立于俄亥俄州哥伦布市，是美国历史最悠久、规模最大的工业分销公司之一，在全美不断添置新设备，不断推出新理念、新技术。目前，我公司拥有市场上最先进、最新型的设备，如柴油机、自动变速器以及发电机，也研发运输制冷技术，同时提供配套服务。"

公司介绍的开头说的是"工业分销"，但后文却提到了"服务"。

由于克莱斯勒汽车公司在分销方式上有所改变，所以威廉姆斯公司的一大部分业绩也受到极大影响。在那场会议上，该公司的几位经理就提出了解决这些问题时遇到的困难。其中一位负责运营柴油机组合分销及维修中心的经理却说自己的业绩有显著提升。

原因是什么呢？他说，他发现用户的卡车不会在店里出故障，但是会在用户的公司出故障。

于是他给用户一一打电话，问可否派驻几名维修工到用户的公司。这样，用户就不用担心如何把车拖到威廉姆斯公司的维修站了。

这就减少了用户可能耽搁的时间，也为威廉姆斯公司自身带来可观的回报。

这可不仅仅是“服务”，这是向用户展示了自己的同理心！并且，这样的同理心给用户带来的体验是令人无法抗拒的，能带来意想不到的用户忠诚度。

当比尔·克林顿说自己对美国民众的疾苦“感同身受”时，他便比大多数政客都技高一筹了。无论你个人的政治倾向是什么，克林顿无疑展示出了自己的同理心，并以此与他的“用户”产生了共鸣。

如何将这一原则运用到你的公司呢？要与用户感同身受，你就需要通过行动向用户表达合理的关心，向用户保证与你有交集会让他们受益匪浅。

换言之，同理心并非“嘴上说说”而已，而是真情实感地向用户表达出你对他们的“感同身受”，并帮他们出谋划策。员工出于个性及责任心这么做的时候，这还仅仅是“同理心”。公司不仅鼓励员工这样做，而且将其视为当务之急，那么，这是“系统化的同理心：想用户所想，急用户所急”。

用户情感至上

我在写这一章时，我的一位朋友唐住进了路易斯维尔的医院。医生在他的胸腔里植入了一颗人造心脏。

要说我是对医疗进步大吃一惊那都太轻描淡写了。就在两周前的复活节，他和他的太太还到我的家中做客，我们还一起吃了午饭。而仅仅 12 天后，人造心脏就使他的生命得以延续了。

我太太谢里和唐的太太聊天时问了一个显而易见的问题：“唐为什么愿意做这个手术？”答案很深刻。唐的妻子只说了一句：“他觉得医生真的是在为他着想。”

唐之所以愿意接受手术并不是因为他对心脏手术的进步满怀信心，毕竟在这个过程中，风险、痛苦和挑战都是显而易见的。据我对他的了解，他相信今日医学之昌明也是一个重要的原因。但是关键在于他觉得医生在意自己，并没有单纯把他视为实验对象。医生想让他活下去，而不是仅仅想在活体上试验这一令人叹为观止的医疗技术。

有了这颗人造心脏，唐的寿命得以大大延长。唐的手术医生反复夸奖他勇气可嘉，夸奖他为拯救后人的生命做出了卓著的贡献。然而，我们都知道，其实是治疗团队的同理心使得唐能够获得无与伦比的体验，也正因为如此，唐才能勇敢面对这一手术。

比尔·比森医生是全美知名的整形医生，他跟我说他前一阵参加了一场有关职业过失险的会议，这是医疗行业中大家极为关心的一个话题。

比森医生说，在会上，保险公司的一位高级职员问了各位医生这样一个问题：“你们知道自己为什么会被起诉吗？因为你们的病人不喜欢你。”换句话说，医生对药物如痴如醉，却对患者的情感体验和康复过程置若罔闻。

埃利奥特·B. 贾法博士在多个远程教育项目中任教，其中一个远程教育项目是网络版非洲虚拟大学，这是一所总部设在内罗毕及肯尼亚的国际政府间组织，在 17 个非洲国家中设有 34 个学习中心。他开设了一门“用户至上”课程。在课程描述中，他提出一个我们在上文也提到过的概念：用户至上与用户服务并不相同。他随后要求学员回到各自所在的公司进行一场“用户至上测验”。贾法博士的要求是，每位学生应该针对各自公司提出下面的问题：

公司在做出决定或制定政策时是否有考虑“用户”？

用户得到的服务是否比预期要好？

公司是否让用户觉得物有所值，让用户感到与你交易很愉快？

你是否把整个公司都当成一个用户服务部，以此扩大业务范围，开展交叉服务，稳定新业务？

你对待用户的方式是否是希望接下来的每一天都能赢得他们的光顾？

并且，每次光顾之后，用户要么在你的公司下单，要么找你的竞争对手下单？

阿尔卡特-朗讯公司明白，用户至上能够与用户创造重要的纽带关系。该公司也明白，通常是工作在公司第一线的员工能够为用户带来创造用户体验所需要的情感触动。正是出于这种原因，该公司与其他公司共同发起了一个远程教育项目——“联盟计划”。

例如，通过这个项目，公司为内部的安装人员以及阿尔卡特-朗讯合作企业中的安装人员提供学习机会，让他们有机会修读电信、数学、商业、心理学等课程，并取得相应的学位。

西部安装公司用户服务副总裁埃德·贾纳斯说：“对我们大多数用户来说，安装人员是他们唯一能面对面接触的工作人员。”

“为这些安装人员提供深造和提高技能的机会，可以让他们更好地为用户服务。这样就会让用户对我们公司留下好印象，也许今后就能为我们带来其他商机。这就是我们公司的宗旨——通过用户至上的理念不断发展壮大。”

用户至上与情感触动这二者是如何联系的？当你开始考虑贾法博士提出的问题，你就已经意识到前线的、底层的员工需要创造一种用户至上的理念以触动他们。如果你开的是银行，底层员工指的就是柜员，而不是支行经理。如果你的公司是阿尔卡特-朗讯，底层员工指的就是安装人员，而不是销售经理。如果你的公司还在创业阶段，那就要你亲自上阵，而不能是以产品或服务至上。

星巴克将用户踏进店门时的感受放在首位，迪士尼把游客走进园内时的感受放在首位，凯撒宫酒店也将旅客走进赌场时的感受放在首位。

蒂姆·威尔莫特是佩恩国民博彩公司的 CEO，也是凯撒宫酒店前任首席运营官。他曾告诉我：“我们需要把用户置于首位。想想这一点，大多数和我们打交道的用户是输钱的！我们必须让他们觉得输钱输得愉快！”

不要曲解蒂姆的意思。他指的是尽管你在凯撒宫会输几块钱甚至更多，但是你在那里获得的情感体验会让你流连忘返。

我想说，如果像凯撒宫酒店这样一个让用户输钱的地方都能让用户获得情感的触动，我们为何要降低对自己的要求？

- **你和你的公司对你的用户投入了多少情感呢？**

本章回顾

本章讨论了商家与用户的第一种脱节，即用户真正需要的是一种“无法抗拒的体验”，而大多数商家所能提供的仅仅是“用户服务”。

1. 主要原因在于，商家往往忽略了与用户互动存在三种层次：
   a. 第一层次——应付用户
   b. 第二层次——服务用户
   c. 第三层次——创造体验
2. 如果用户体验才是用户**真正**需要的，你又会如何定义“体验”二字呢？
   a. 本章指出，创造无法抗拒的用户体验关键在于“创造让用户无法抗拒的情感触动”
   b. 本章还指出创造用户体验的三个必要元素：
      » 无所不知，无所不晓
      » 想用户所想，急用户所急
      » 用户情感至上
3. 当你试图重新与用户建立联系时，你是否为他们创造了他们期盼的那种体验？那种让他们无法抗拒且迫不及待想再次感受的体验？

第 2 章

脱节之二

用户真正需要什么：个人关注

企业提供了什么：产品关注

坐在汽车销售顾问的办公室里，我突然发现自己对宝马 Z4 车型的了解超过了我所想了解的程度。但是我一点儿也不在乎 98.2 英寸[1]的轴距、58 英寸的前轮距，还有 60 英寸的后轮距。我甚至不确定“轮距”这术语究竟是什么意思。

我猜想 14.5 加仑[2]的燃油箱，配上市区道路每加仑 21 公里、高速公路每加仑 28 公里的油耗应该是不错的。但是这对我无关紧要。

我提到了这车重 2 998 磅[3]吗？销售顾问一定说了。他完全可以说个整数——3 000 磅，但他想让自己的表述更具震撼力。

- **如果他想用自己对产品的了解打动我，他成功了。**
- **如果他想用对用户的关注打动我，他输得一败涂地。**

在我的第一本书里，我讲述了我在印第安纳波利斯的宝马销售顾问卡尔·尼尔森手上购车的美好体验。可能因此我对拉斯韦加

1. 长度单位，1 英寸 =2.54 厘米。——译者注
2. 体积单位，1 美制加仑 ≈3.79 升。——译者注
3. 重量单位，1 磅 ≈0.454 千克。——译者注

斯的宝马经销商抱有过高的期望。但是，我认为，卡尔向用户提供了他们真正需要的信息，而拉斯韦加斯的那位销售顾问对此则毫无头绪。

卡夫塔咨询公司 CEO 菲利普 · 苏切特曾写道：“作为营销人员或产品经理，你的目标是卖出公司的产品或服务。大多数人采取的办法是使尽可能多的人关注到他们的产品。这常常是缘木求鱼。”

从我在宝马店的体验来看，苏切特是完全正确的。

借亚历克 · 鲍德温之言

我最喜欢的老电影之一是大卫 · 马梅的《大亨游戏》，改编自其普利策戏剧奖同名获奖作品。

在这部 1992 年的电影中，四位地产中介在大幅度衰退的地产市场中苦苦挣扎。电影中的四位中介集合了当时超强的演员阵容，由阿尔 · 帕西诺、凯文 · 史派西、艾德 · 哈里斯、艾伦 · 阿金，此外还有已故的杰克 · 莱蒙出演。这部电影也是杰克 · 莱蒙众多佳作中的一部。

尽管有这样强大的演员阵容，但是将这部电影推上高潮的还要归功于亚历克 · 鲍德温的出镜。

亚历克 · 鲍德温在影片中饰演“布莱克”一角，是地产公司请来的“励志大师”。因此，他的演讲也成了该影片最经典的桥段之一。

几年前，我有幸在百老汇观赏了话剧版《大亨游戏》。阿尔 · 帕西诺出演了杰克 · 莱蒙在电影中扮演的角色。我惊讶地发现，大卫 · 马梅专门为电影增加了布莱克一角，原剧中根本没有这个角色。

尽管鲍德温在影片中的演讲——以及整部电影——似乎试图将

谩骂变成一种艺术形式，但是当他向几位中介宣告他订立的末位淘汰规则时，他真的令人生畏。这样的规则真的有励志作用吗？

在鲍德温令人难忘的演讲中，他引用了销售的“ABC”法则。剧中的“布莱克”不断大声重复着这一法则，“A——永远，B——要，C——成交，即永远要成交”。

这部影片带来的震撼之一是它激发了我们对这些深陷生活泥沼中的角色的恻隐之心。但与此同时，他们为了提高业绩，采用欺骗手段蒙骗那些对他们深信不疑且毫无防备的用户的行为也令人作呕。

在琢磨商家与用户间的脱节时，我想到了这部电影。不知在拉斯韦加斯的宝马销售顾问学到的法则是否就是“永远做个成功者”。

不知他是否考虑过，不该把重心放在车上。也许他也想到过——或者销售经理告诉过他——销售培训中的一句古话：“用户买的不是你的产品，而是产品带给他的用处。”

我要买的只是一辆宝马 Z4 吗？不全是。

当时我从印第安纳州搬到西部，我要买一辆可以使用一整年都不会出故障的敞篷车。宝马公司之前带给我的体验无可比拟，所以我再度找到它。并且，我觉得 Z4 的车型设计很拉风。所以，尽管我很不想承认，但是我真希望在中年危机的这段时间里看起来“很拉风”。

也许，如果拉斯韦加斯的宝马销售顾问多关注一下用户，少关注一下产品，他就能发现这一点。

所有商家都会花费数十亿美元打造品牌。但是，我们只希望商家能够关注我们作为用户的需要，而不是关注自身品牌下的产品。

正如营销大师雷吉斯·麦肯纳所言：“在美国，选择比品牌更具价值。”

我想拉斯韦加斯的宝马销售顾问体现了为何许多销售顾问关注产品和服务却不关注用户的两点原因。这两点原因听起来很简单，但是，当你审视商家与用户交流的方式时，这两点原因无疑起着很大的作用。

请用以产品为中心的态度来考虑以下两个因素：

a. 避繁就简

b. 急于求成

避繁就简

这样做确实更容易！关注产品当然比关注用户来得简单——而且大部分人（也许是 100% 的人）都偏向于选择更轻松的那条路。

如果你选择以这种方式与用户交流，那样确实简单——你只需要了解产品，只需要介绍这一项内容。更有甚者，在一些公司，销售顾问表达的意思就像是："如果你不了解我们的高端产品是如何运作的，那你根本不值得拥有它！"

罗恩·卡尔是卡尔联合有限公司的一员。他跟我讲起自己早前的销售体验："以前我在卖复印机的时候，我清晰地记得要背下一篇关于如何演示复印机的稿子，而且还得全程做手势！出于某些原因，我们销售顾问在介绍产品的时候觉得最自在，觉得一切尽在把握之中。"

如果我推销那款宝马 Z4，那么要我记住轴距的长度可比根据用户个性化的需求来调整我的推销词要容易得多。

如果我要供应咖啡，那么往杯子里灌入事先设定好的配方可比根据每位用户不同的口味需求进行复杂的手调要快捷得多。

如果我要卖房车，那么试着让你调整需求适应我提供的车型当然要比我根据你个人的独特需求去造车来得简单。

- **我们只是避繁就简。**
- **而这成了商家与用户脱节的最关键因素之一！**

正如罗恩·卡尔所言："事实的真相是，我们在对产品夸夸其谈的时候，我们与用户的关系正在一点点地疏远。你需要的力量来自你对所提出问题的周到解答。"

急于求成

好，我相信你和用户从没在这个方面出现脱节问题。所以，别急着辩解，这部分是写给其他读者看的。

你从未因为一单生意而用"ABC"法则极力推销自己的产品和服务。你从未急于完成月度"目标"或"业绩"。你也从未因为这个季度的业绩而让投资方、银行家、华尔街提心吊胆。

也许你从未感受过如此巨大的压力，也从未如此抓狂过。

但我有过这样的经历。听听我的个人经历，它会让你把关注点聚焦在产品而非用户上。

颇具讽刺意味的是——这会阻碍你与用户建立关系。

我记得在我职业生涯的早期，我的生活重心全都放在如何进行专业演讲上。我清晰地记得，当时我坐在办公室里，看着空空如也的日程表。我住在印第安纳州哥伦布市的一个两居室里，办公室是由客厅改装而成的。我急需用钱，需要有人邀请我去演讲！

那时候，我对自己说：“我需要找到更多途径让用户还有潜在用户觉得我有价值。”你会相信吗？

不！我说的是：“如果我要活下去，我就必须接到演讲邀请！”我是不是就拿起电话，试着多了解一些潜在用户的背景？

不！我开始“为了挣钱而打电话”！

当时我只知道如果我拨打的电话足够多，联系了足够多的人，必定会找到要开会的人，必定会找到需要演讲者的人。

我试着去找那些忘了邀请演讲嘉宾正急得团团转的倒霉蛋。下个月，这个倒霉蛋就要组织几百位同事在假日酒店吃晚餐，随后到会议室里做些活动——随便什么活动。

只有在他们邀请我做演讲之后，我才会关注他们的公司。我不想承认这一点，但这是事实。

已故的励志演说家厄尔·南丁格尔称之为“大火炉”综合征。他说这个方法就像坐在大火炉前，说：“好吧，你什么时候给我温暖，我什么时候才会给你添柴。”

我还听说有人把这种方法形容为“漫天撒网”。如今，尖端军事科技已经可以制作出更加精确的制导导弹。即使敌军战机在高速飞行状态下且采取了隐藏手段，精确制导导弹仍能准确定位并摧毁战机。

因此，我们很容易忘记在早期，在“二战”时期，我们采取的策略是把一种名为“碎箔”[1]的弹药布满天空。射向空中的东西越多，获胜的概率越大。敌军战机一旦撞上碎箔，就会机毁人亡。

---

1. 用于干扰雷达。——译者注

和从前的军队一样，着急上火、无所适从的销售人员对于销售对象也没有精准的定位，他们只是漫天撒网，希望并祈祷潜在的用户能够自己找上门来。

不幸的是，被迫采用这种无奈之举的不仅仅是一两个销售人员，有些抓狂的商家也是如此，而遭殃的便是用户。

西雅图的《普吉湾商业杂志》曾经报道过 Meals.com。作为成功企业币星公司旗下的一个分支机构，其业绩却差强人意。该公司为了尽快摆脱财务困境，硬是整出一篇冗长的营销电邮，发送给了 30 万名用户，其中也包括当初已经勾选了退订此类邮件的用户。

结果可想而知。正是由于它不佳的表现以及无脑的策略，母公司极力撇清与它的关系。

正如报纸上所写："这样全然置原则于不顾的行为同样不可避免地摧毁了用户对公司先前所做承诺的信心。新品牌还是比较脆弱的，一个小失误就可能摧毁殆尽。"

"但是，投诉者寥寥无几啊！"此种说法忽略了这样一个事实：大多数心存不满的用户其实并不会投诉，他们仅仅是与这家公司终止合作而已。

换句话说，由于我们过于迫切地想推销产品，对于真正想购买我们产品的那些用户，我们反倒不去理会了。

真让人无言以对。

解决此类买卖双方关系脱节的办法是什么呢？

"忘掉产品，关注用户！"无论你相信与否，答案并没有这么简单。

- **关键在于你对用户的关注应当体现在所有环节上。这是因为这些环节与你提供的产品、服务的方方面面息息相关，比如设计和营销。**

问问自己：在你的公司里，是否所有人都会站在用户的角度想用户所想、急用户所急？是否所有人都会满怀热情地面对用户？你公司的工程师是否会像销售团队一样致力于用户服务呢？

我知道，这听起来或多或少有些幼稚，有些不切实际。但是，如果你们还做不到这一点，怎么不反思一下这是为什么呢？

假如你们是宝洁公司，为什么实验室里的化验员不可以全心全意地为购买汰渍产品的家庭主妇服务呢？因为她们就是配方，而配方就是产品。

金融合规官如果对购买金融产品的用户不闻不顾，那就应该把他开除。对用户缺乏激情，保不准什么时候就会出岔子。你不相信？那么请随便找出几份过往的《华尔街日报》，你会发现，金融服务业几乎方方面面都充斥着丑闻。

请不要误解，我并不是说热情中应该包含某种令人匪夷所思的举动。你们展现出的热情应该带有自己的风格和个性。我想说的是，公司里的每位员工都应对用户表现出十分的热情，并且落在服务过程中的每一个环节上。

在上一章，我们曾提到一个观点，即公司中只有特定部门需要对用户服务负责。我们注意到，还有一种类似的观点，即特定专业人员可以以产品为中心，而不必专注于用户服务。这两个观点如出一辙。你注意到了吗？

接下来，让我们探讨一下“关注用户”在以下三个领域中是如何起作用的：

a. 产品设计

b. 产品生产

c. 服务提供

产品设计

商业领袖汤姆·彼得斯也许是“用户关注应贯穿于产品设计之中”这一观念的头号倡导者，这在其经典著作中可窥见一斑。对于他所提倡的管理理念，我并非完全认同。但他一再强调的产品设计理念的确应该引起所有企业的共鸣。

彼得斯认为，有时产品并非为用户（即使用者）设计，而是为其设计者、产品工程师们设计的。

汤姆·彼得斯用酒店浴室里的瓶瓶罐罐举了一个非常生动的例子。很显然，瓶身标签的设计师基本都是二三十岁的年轻人，他们视力都非常好。那么问题来了：像我们这样四五十岁的客人，我们都在浴室里脱光了衣服，总不能还戴着眼镜吧？我们需要眯着眼睛使劲儿看，才能看清马上要涂抹到身上的到底是洗发水、护发素还是护手霜。

然而，洗护用品公司却没有一个人考虑到用户体验！他们在设计这些瓶瓶罐罐时显然没有那么用心，也没有站在用户的角度来思考。但我可以肯定的一点是：这瓶产品的成分一定是经过反复测算的。

前面我们就提到过这样一个观点：重点不在于瓶子里究竟装了什么，而在于马上要将产品用在头发或身体上的用户。为了开发产品，人们可谓殚精竭虑、不遗余力，但是最后产品到了用户手中，用户却看不清瓶子里到底装了什么。这难道不让人觉得很惊讶吗？

另外，做得好的公司，必将获得用户的赞誉。我首先想到的就是 iPhone。我无法想象没有 iPhone 的日子会是什么样。iPhone 绝对是一款好手机，用它来听音乐绝对是个上佳之选，同时我也可以用它来收听有声读物、录制语音备忘录，住酒店时把它当作闹钟，存储电子照片，同时还可以将电脑中的重要数据备份到手机上……这一切操作都可以在这奇迹般的小玩意儿上完成。

你是否还记得几年前苹果公司开发了第二款 iPod（苹果播放器）产品？当时那个产品叫 iPod mini，即微缩型 iPod。当时有许多所谓的"评论家"称此举将给苹果公司带来巨大的灾难。

评论称，iPod mini 定价 249 美元，售价过高。但如你所见，史蒂夫·乔布斯和他的团队才是笑到最后的人，因为 iPod mini 取得了巨大成功。事实上，最早购买 iPod mini 的许多用户本身都已经拥有一个大尺寸的 iPod，而他们只想添置一个小尺寸的版本而已。

你们产品的设计也能"如此疯狂却又如此成功"（"盗用"一下颇具传奇色彩的乔布斯名言）吗？拥有了你公司产品的用户是否会为了进入同款产品的第二代预售清单而排起长龙呢？在 iPod mini 开售前，我们早已像疯抢 iPhone 和 iPad 般排起了长队。

将设计重心放在用户身上，在所有产业和产品上都是可以实现的。《建筑文摘》曾经出过一个收藏版"精彩设计特刊"。最让我爱不释手的是该期特刊收录了每一种我们可以想象得出的产品的伟大设计，而不仅仅局限于建筑。特刊中的精妙设计还包括茶滤、桌子、躺椅、浴缸，也包括奢侈品品牌卡地亚和保时捷的博克斯特（Boxster）。

如果你的公司也参与了产品设计，我建议你去找本《建筑文摘》，然后把它摆在桌面上，时刻提醒自己：独具匠心的设计不仅可以强化用户与你的公司及产品的情感纽带，还可以延长产品的生命周期。

我们亲眼见证了数以百计的汽车设计从诞生到消亡的过程，但大众甲壳虫和保时捷 911 等经典车型却经受住了时间的考验。现代商业世界的竞争异常激烈，因此，有人甚至认为公司得以存活的唯一原因就是其上乘的产品设计。

内森·库尔在其著作《通向成功设计的四大因素》（*The Four Keys to Successful Design*）中指出，产品设计的关键要素同时也是探索人类发展的关键要素。这几个要素是：

a. 灵感

b. 创新

c. 探索

d. 创造

这本书的副标题尤为令人印象深刻：从点子到成品的动机论。换句话说，设计关乎**动机**。

第一个关键点是灵感。我的建议是，你可以将用户（以及用户所需、所想）作为你的灵感基石，并加以考虑。

上文我们讨论过的那些独具匠心的优秀设计首先源于灵感。例如，从为普通大众设计一款属于自己的车（“Volks-wagen”这个德语大致可以翻译为“属于人民大众的车”），到简单而又不失典雅的设计，如茶滤。有了茶滤，人们就可以随心所欲地选择和搭配自己喜欢的茶叶，在冲泡时也不必担心茶叶凌乱地漂在茶杯中，而此前，人们只能选择事先搭配好了的茶包。

第二个关键点是创新。对于真正使用你的产品的用户来说，如果你不是刻意为改变而改变，那么你的创新一定是有价值的。

在喜剧演员中，有一批狂热的喜剧表演迷，像你我这样的普通人也许闻所未闻。这些堪称传奇的喜剧人十分具有创新精神。然而，其素材主要针对其他喜剧演员，而非观众。当然，他们的创新精神仍然值得我们称道。不过，商业也好，专业也罢，成功往往源自“投其所好”，观众只有在接受了你的产品之后，才会掏钱买你的产品。

米勒酿酒公司的“清啤”显然就是一项创新，也时常为业内人士称道，然而这并不是他们的受众（用户）想要的。所以，这项创新最终被市场淘汰了。

第三个关键点是持续探索。通过对大量能激发灵感和创新的项目进行探索，进而拿出自己的设计。

在罗杰·冯·欧克的开拓性力作《当头棒喝》（*A Whack on the Side of the Head*）中，作者提出：我们所有关于创意活动（包括创意产品设计）的困难都源自孩提时代起接受的教育。大人们总是告诉我们，凡事只有一个“正确答案”。例如：2 加 2 永远等于 4；“谁是第 16 任美国总统”这个问题的答案也永远只能是亚伯拉罕·林肯。所以，我们一旦知道了所谓的正确答案之后，便停止了探索。成年以后，我们的生活变得与小学不同，“正确”答案往往不止一个。但由于我们早已习惯了小学时期所受的教育，我们在获得了第一个“正确”答案之后，便不再探索更多、更好的观点了。所以，创造性的关键在于持续探索！

第四个关键点是创造。我们还可以用另一个词来替代“创造”，那就是“执行”。所有设计和创新的点子，如果只停留在画板上，就是毫无意义的。只有当创意付诸实践，才能够吸引用户。

当我还在收集资料、写作本书时，有无数人告诉我，说他们完全不知道写书是怎么一回事。我想，一提到写书，恐怕连大多数专业人士都会觉得不知所措。内森·库尔关于产品设计的著作中有一些观点打动了我，其中一部分原因是我觉得自己非常认同内森的某些观点。书中的某些东西必然会对你有所启发。就我而言，启发我的是买卖双方的脱节问题。工作中，你必须不断探索新思维、新应用、新理念，有所创新，然后将其放大，做大做强。

我见过很多准作者，但他们都止步于第四个要点——创造。灵感、创新、探索，如果光有这些而不真正动笔写出来，那么这一切都白费心力。只有当你真正动笔写作（或生产产品，或提供服务）时，你的观点、设计和概念才有机会传递给用户，才有机会引起用户的共鸣。

我动笔将我的观点写进本书的第一版时，我就知道我的观点在商业类书籍这个市场上不一定会取得成功。

但是，尽管看似老生常谈，我也知道，如果我不写这本书，我的这些观点就永远不可能有机会传达给我的读者。

生产产品和提供服务也是如此。姑且不论具体要求如何，不付诸实践，一切皆是枉然。

顺便提一下，关于写作是否有窍门这个问题，我个人得到的最好建议来自我的好友、已故励志演说家金克拉。

有一回，金克拉告诉我说他“从未写过书”。我惊讶地看着他，心想这家伙不是疯了吧？我问他：“金克拉，我可有好几本你写的书呢，我不明白你说这话是什么意思。”

他用他那标志性的密西西比口音慢吞吞地回答道：“嗯……斯科特，写书是一项艰巨的任务，总是让人望而却步。而我所做的不过就是化整为零，分成章节来写。我一天大概就写五页，一直到它们拼凑成一个章节；然后我再像这样每天五页地写，就这样写下去。然后你知道发生了什么？直到我写完了十个或十二个章节，就有人告诉我，我完成了一本书。”

在金克拉的微笑中，我恍然大悟。创造之关键就在于化整为零，一步一个脚印。

现在回过头来看看你的产品设计吧，它们真的是以用户为中心吗？还是说你就像上文提及的喜剧演员那样，有意或无意地只对着同行或同事们表演，心里却在嘀咕，为什么观众和你产生不了共鸣？

总而言之，无论你的产品是什么，你都应该精心设计，让用户无法抗拒，让他们觉得叹为观止。

产品生产

在完成产品或服务的设计之后，接下来你要像用户一样，以一种特别敏锐的眼光来推进生产事宜，而且应该以无缝对接的方法推荐你的产品。众所周知，买卖双方脱节的问题已经成了困扰当今商业世界的普遍问题。

当然，许多企业都面临一个问题，即你永远没有机会与用户亲密接触。假设你是舒适剃须刀公司，你想提高市场占有率，与市场占有率为 80% 的吉列公司竞争，但是你苦于无法和用户进行亲密接触，以个性赢得用户。

正因如此，大多数公司在产品方面显得非常短视，以至他们在产品设计、包装和制造方面，遵循的完全是公司的意愿，而非用户的意愿。

在过去的某个时代里，亨利 · 福特就说过："用户想要什么颜色的车，我们就给他喷上什么颜色，前提是车必须是黑色的。"这句话常常被人们引用，它反映出来的理念可以说放之四海而皆准。

现如今，你只要给戴尔公司打个电话，它就会专门为你定制出你想要的电脑。唯产品独尊的做法已经难以赢得用户的共鸣了。

约瑟夫 · 派恩在其著作《大众定制》（*Mass Customization*）中率先提出这样一个概念：我们既可以批量生产产品、提供服务，也可以批量为特定用户群进行定制。

达拉斯联邦储备银行首席经济学家迈克尔 · 考克斯写道："美国人一向偏爱定制产品，但他们不一定负担得起。现在，许多公司想方设法要为我们提供我们中意的定制产品，价格却与量产产品不相上下。过去人们时常认为，定制产品必定售价高昂。然而，以计算机为基础的信息时代的科技早已经消除了这一观念。有了大众定制产品，鱼和熊掌便可兼得了：既融合了手工业时代的优良质量（量身定制与个性化服务），又保持了量产时代的最大优势——低价。"

需要注意的是，派恩在书中并非提及“大众定制”完全是一个制造过程。大众定制是一种总体商业理念，应贯穿于公司的方方面面并应被落到实处。

《财富》杂志曾就该主题发表过一篇文章：

> 有了电脑操控的工厂设备和工业机器人，调整生产线更容易，速度也更快。条形码扫描仪的普及使得跟踪几乎每个零部件及产品都成为可能。如今，数据库存储了万亿字节的数据信息，个别用户对农家奶酪和羊皮靴的喜好等尽数收录其中。数码打印机飞速运行，更改产品包装易如反掌。物流与供应链管理软件也使产销更趋协调。

- **正如约瑟夫·派恩所言：“凡是可以数据化的东西，均可以定制。”**

约瑟夫·兰佩尔和亨利·明茨伯格合写了一篇题为“定制之定制”的文章，发表于《斯隆管理评论》。文章指出，定制可分为五种。

纯粹标准化，即使用标准的零部件和统一的生产流程进行相同产品量产的传统流水线作业。这样生产出来的产品可以吸引最大数量的用户。但用户对设计、生产或经销并无任何影响。例如福特的T型车、铅笔和回形针。

部分标准化，即针对特殊用户群的偏好，生产带有一些不同特性的基本产品。这样一来，选择的数量增加了，制造商也可以按照用户的需求进行经销。但是，购买者仍旧不会对产品设计或生产产生直接影响。报告中引用的例子包括面包（全麦面包、白面包和黑麦面包）和鞋子（高跟鞋、平底鞋和中跟鞋）。

定制标准化，从可供量产的零部件中挑选与组合，再进行产品定制。不过，有时候可供选择的零部件是有限的。这样一来，购买者会对产品的组装和经销产生影响。然而，购买者并不会影响零部件的实际设计和生产。报告中引用的例子是购车的过程：购买者可以选择车漆、内饰，并且在统一的底盘和车身设计上增加一些可选设备。

量身定制，使定制上了一个新高度。在该层面上，用户可以根据自己的要求对产品的构建、组装和经销进行定制。但制造商仍然作为设计的权利方。购买者可以有多种选择，比如可以选择不同的材质。制造商有时甚至会根据具体的产品，对设计方案进行调整，以迎合用户的需求。常见的量身定制的例子有：以裁缝手工缝制取代现成的西装，用户亲自挑选并且印制婚礼请柬。

纯定制，代表了所有生产体系中与完全标准化产品截然不同的一种产品生产方式。纯定制的产品或服务，在设计、构建、组装和经销的方方面面均为定制，买卖双方协作并完成产品或服务。报告中引用的例子体现的纯定制关系体现在建筑师按照房主的需求进行房屋设计与建造。

这里我要强调的是：许多公司完全无定制可言，或者说它们停留在部分标准化这个层面，而且并非出于自愿。这些公司仅仅是按照原来的轨迹继续运行而已。

你该如何对产品进行重新定义？如何来改变你们在每个阶段，尤其是制造环节的注意力？又如何将你们的关注点从产品转向用户？请回顾一下每个阶段，然后问问自己：我应该如何做好应有的准备，才能进入下一阶段？这会是一个很好的开始。

服务提供

我正坐在电视机前观看我最喜欢的印第安纳波利斯小马队（一支美式橄榄球队）的比赛。比赛扣人心弦，所以我根本不想分心，但这时我肚子饿了。于是在中场休息时，我拿起电话，拨打了当地的必胜客电话。响了一声后，电话中传来一个友好的声音："感谢您的来电。麦克凯恩先生，今天还是像往常一样需要大份薄脆皮比萨，加香肠和意大利腊肠吗？"

我简单地回应道："没错。谢谢！"

"不客气，麦克凯恩先生。您预订的比萨将在30分钟内送达。"我微笑着挂了电话，继续看比赛。

正如之前提到的，凡是可以数据化的东西，均可定制。必胜客能够知道是麦克凯恩家打来电话，这是因为他们可以识别拨号者的ID。在我们平时点餐的时候，店家询问我们加料的信息也由计算机自动记录下来。所以这次点餐的整个过程持续了不到30秒，而派送也只要不到30分钟的时间。

然而，我想请大家注意的是，在这次电话交谈中，令我感到愉悦的并不仅仅是必胜客几近完美的订餐科技。接线员不仅知道是我打来了电话，而且在我们的对话中，他还用到了我的名字。

- **换句话说，必胜客不是在简单地处理信息，比如我的名字和产品偏好等，关键在于它很好地利用了这些信息，提升了交易的个性化程度！**

詹姆斯·吉尔摩以及上文提及的约瑟夫·派恩在《哈佛商业评论》上发表了一篇文章，文章说明了丽思卡尔顿酒店是如何将这一方法付诸实践的：

> 例如，为了避免没完没了地咨询用户的偏好而引起用户的反感，丽思卡尔顿酒店建立起一种非介入式机制来获取用户的个人需求。通过这种方式，酒店可以观察客人每次入住时的偏好，例如：客人偏爱防过敏枕头、古典音乐电台，或是巧克力碎饼干等。接着，公司将这些信息收集起来，存储在数据库里，并且在每一位客人下一次来访时为他们提供量身定制的服务。客人在丽思卡尔顿酒店入住的次数越多，公司就能收集到越多的信息，越能够在客房中提供更加符合客人喜好的服务。这样一来，比起其他酒店，客人对丽思卡尔顿酒店的好感就大大提高了。

如果有一家酒店对客人的喜好了解得如此细致，有谁不想住在那里呢？

在提供用户服务和体验时，公司应该把着眼点放在外部，即用户身上，而不应该把着眼点放在内部，即公司身上。那么，以你公司目前的水准，你应该如何达到你想要的级别呢？

慧锐系统全球市场营销副总裁玛丽安·麦克多纳在一篇写给《用户互动方案》的文章中，通过战略性构建卓越服务的四个关键因素，为读者绘制了一个非常棒的路线图：

a. 评估现有用户体验

b. 要事为先：让一切尽在意料之中

c. 逐级提升：顺势而为

d. 细节乃是关键

首先，要达到我们想要的级别，必须了解公司及产品现有的水准。要做到这一点，我们必须对现状进行严格的评估。

她提到我们必须面临的一个关键问题是："服务应当随意（用户体验全凭运气），还是有意而为之（用户体验是精心策划的）？"

如果用户在享受你们提供的个性化服务的过程中"一切都得看运气"，那么，你们公司想要获得更高程度、更稳定的用户忠诚度的可能性恐怕微乎其微。简言之，用户享受贵公司提供的服务时全凭运气，而且运气好坏全得看你遇到的是谁了：比如，用户可能碰巧在你们公司遇到了一个可以为其提供个性化服务的工作人员（比如我在印第安纳州遇到的宝马销售顾问），也可能遇到一个只懂得照本宣科，背出产品和服务特性的工作人员（就像是拉斯韦加斯的那位宝马销售顾问）。

其次，在严格评估之后，努力消除服务中所有的"随意性"。

正如麦克多纳所言："让你们公司的管理层形成一种以用户为中心的理念，将绩效目标和服务质量标准的基本策略传达到位。同一个团队必须以用户为本，制定与基本策略大致相关的绩效目标；确保员工都能够了解新的计划，同时也因努力工作，为企业的成功添砖加瓦而获得相应的回报。"

再次，把握势头，顺势而上。

《世界英语词典》（*The World English Dictionary*）对"势头"这个词的定义是：以不断加快的速度上升或发展的力量。你在强化服务个性化的过程中需要的正是这种力量。制订必要的计划，并且不断提升其系统应用的速度。麦克多纳提出："……现在请把注意力放在用户衡量我们服务的标准上，即忠诚度上。你们公司的技术已经到位，所以现在你应该巧妙地运用技术来为公司提供衡量工具，以分析用户行为以及公司在何种程度上满足了用户需求。"

请注意，麦克多纳所做的所有测算都基于用户结果，而不仅仅是行动，因为行动本身很容易被衡量。

最后，"细节决定成败"。

麦克多纳指出："你们的理念现在已经上升到了为个人或用户群体量身定制的层面，你们提供的服务也成了公司一直坚持的品牌承诺。你们在训练、培训、绩效管理与沟通等方面大量投入，这一切都将在公司内部形成一种固有的推动力。"

约翰·格雷厄姆在为《美国推销员》杂志撰写的一篇文章中描述了"拘泥于小事"的重要性：

> 当准新生和家长们一起参加波士顿大学的园游会时，校长约翰·西尔伯博士也加入了我们的队伍。女儿问我："他为什么也来参加园游会呀？"也许原因是多方面的，但校长的这一举动却给了我一个启示：作为美国第五大私立大学的校长，西尔伯博士明白细节的重要性。在达成目标之前所有的环节都不容忽视。如果我们忽视了细节上的小问题，那么等着我们的必将是大问题。

最近有个朋友告诉我说："我实在讨厌一本书的标题'别庸人自扰，拘泥于细节！'。如果你不在意这些细节上的小问题，以后它们必将成为大问题！"

小结

大卫·惠特万在退休之前曾任惠而浦公司的CEO，他是一位卓有成就的CEO。在《哈佛商业评论》的一次访谈中，惠特万说："比起给用户心满意足的价格优势，其实我们更应该给他们一个无法抗拒的理由，促使他们购买惠而浦产品。要做到这一点，我们必须比其他任何公司都更加了解我们的用户，并将我们对用户的了解付诸实践，运用于卓越的产品设计、产品特性及售后服务中。"

无论你的公司从事的是什么行业，你都必须弄清楚你的重点应该放在哪里。

如果你只关注产品，那么你将面临巨大风险，即失去最重要的用户资源。

对于你个人以及你的企业而言，或许这会是一个相当艰难的过程。或许你的公司组织过的培训都集中在产品设计、制造、营销以及售后服务等方面，也为此耗费了大量的时间和精力。如果我现在建议你，必须将你的注意力从公司内部转向外部，转向用户，听起来简直就是天方夜谭。

然而，如果你不能调整重心，用户就可能调整供应商。

本章回顾

本章讨论了公司与用户之间的第二种脱节，比起产品和服务，用户真正需要的是公司关注他们的需求、渴望、挑战和处境。

1. 很多时候，我们的注意力总是集中在公司内部，而非用户身上，这是因为我们习惯于：避繁就简；急于求成。
2. 避繁就简
   a. 把沟通重点放在产品和服务上，我们只需要了解产品和服务的特性，仅此而已！而无须面对用户在遇到问题时可能出现的种种状况
   b. 不去倾听，就无法掌控与用户的关系。不了解用户，就无法销售产品，更遑论满足其需求
3. 急于求成式的沟通
   a. 打好关系非一日之功
   b. 为提升销售业绩，为了钱，便四处打电话，强推产品
4. 通过产品设计解决脱节问题
   a. 重新评估产品 / 服务，确保其满足用户的所有需求。产品好用归好用，但用户看得清标签上的字吗？
   b. 令人叹为观止的设计可以大大延长产品或服务的生命周期
   c. 成功设计的秘诀在于：
      » 灵感
      » 创新

    » 探索

    » 创造

5. 通过产品制造解决脱节问题

    a. 只关注产品，不关注用户，产品很棒，用户却无法使用

    b. 关键在于“大众定制”。“大众定制”分为五个层次：

        » 纯粹标准化

        » 部分标准化

        » 定制标准化

        » 量身定制

        » 纯定制

6. 通过提供服务解决脱节问题

    a. 利用科技，既提供定制服务，又实现服务个性化

    b. 提升个性化服务的四个步骤：

        » 评估现有用户体验

        » 要事为先：让一切尽在意料之中

        » 逐级提升：顺势而为

        » 细节乃是关键

7. 要“拘泥”于小节

第3章 脱节之三

用户真正需要什么：互相忠诚

企业提供了什么：不断挖掘新用户

随手翻阅一份报纸，我敢肯定你一定能够在广告栏发现某个无线通信运营商的身影：他们又在大肆招徕新用户了！这些电话公司看似长期无节制、无休无止地在挖掘新用户。

这些移动运营商为什么不能少做些广告，而把精力更多地投向为现有用户提升服务的质量呢？你是否思考过这个问题？

作为老用户，你得为家里的每个人购买手机，而移动运营商却天天叫嚣着"买一送一"，难道你就不会因此而大为光火吗？

作为多年的老用户，你享受不到无线通信运营商提供的大幅度优惠，而新用户只需花上 10 美元，即可享受 100 万分钟的新用户优惠，这难道不会让你觉得心有不甘？

对于以上三个问题，哪怕你只有一个答案是肯定的，那么恭喜你，你已经经历了第三种脱节。

用户其实很想对你的企业忠诚

其实，用户当初在走进你的公司的大门时，一心渴望能够获得诺姆[1]走进酒吧时的感觉——一种无以言状的感觉。用户希望和《生活大爆炸》里的谢尔顿与莱纳德那样，可以和一堆老友围坐咖啡桌旁聊天。用户需要的也是这种感觉。

然而，似乎大多数公司都竭尽所能想阻碍用户成为与其长期保持贸易关系的消费者。在这场“相互忠诚与不断挖掘新用户”的矛盾中，用户被这种脱节频频“伤害”。

《哈佛商业评论》上有一项研究指出，大多数公司会在5年内失去一半的用户。显然，有了这种脱节，你的公司就不可能财源滚滚了。

接下来我们继续说一说移动通信公司的那些烦心事：它们在用户间开展了服务满意度调查。在我看来，这无异于问青少年喜不喜欢做作业——多此一举。然而，密歇根大学还真就做了这样的研究。研究表明，用户对于手机运营商服务的满意度只略高于有线电视运营商，“荣膺”用户服务满意度行业末位奖。该行业不遗余力、矢志不渝地挖掘新用户，而在提供用户服务，促进用户忠诚度方面，却偏偏垫了底。

那么，移动通信业的代表性运营商对此项研究有何回应呢？

或许你已经猜到了，这样一个不受用户待见的行业再一次证明了它们还是不明白其中的道理。

美联社的一篇报道称，威瑞森电信发言人埃里克·拉比说：“有什么好对比的呢？天涯比海角吗？你应该拿苹果和苹果进行比较。换作是我的话，我才不会拿用户对于复杂科技的体验和买衬衫这种事进行比较。这根本就是两码事。”

---

1. 很久以前的一档电视情景喜剧《欢乐酒店》（*Cheers*）中的人物。

但是，抱歉，拉比先生，你的回应真的让人很不愉悦。你的思维模式代表了美国移动电话行业服务的误区，也反映了几乎所有美国用户体验的误区。

我认为，运营一家航空公司是一件颇具挑战性的事情，但是捷蓝航空公司在绝大多数情况下，不仅满足了我们的期望，甚至超乎我们的期望。我认为，尖端科技设备的设计及全球推广绝非易事，但是苹果公司却能让许多人惊喜连连。而拉比先生却告诉我，告诉用户，要去关注你们的工作有多难。我想我做不到，因为那是你的工作。

用户的权利

作为用户，我们有权利要求你们做好自己的分内事。

我们有权要求你们的服务必须和你们承诺的一致，我们的账单不能出错，我们遇到问题时你们也应站在我们的立场上来解决问题。在我们选择购买你们的商品和服务时，我们也希望你们足够专业，并能够明白一点：若想用户保持忠诚，首先应该想方设法带给用户难以抗拒的体验。

除非你们真正做到以上所述，否则你们至少会得到以下3种用户反应：

我们以后都会认为你们无法兑现任何承诺。

我们以后都会认为你们的运营工作根本就是一塌糊涂。

因为你们做不好分内事，我们只能对你说“拜拜”了。

- **请行动起来！**

你曾经问过我这样一个问题：你现在可以听到了吗？[1]

关于移动通信公司的问题，我最后再啰唆一句：信不信由你，我倒是看到这个行业有好转的趋势。

销售与销售培训

有趣的是，在我们之前提到过的电影《大亨游戏》中，亚历克·鲍德温提出一个法则：A——永远，B——要，C——成交，永远要成交。当时，亚历克做了一场关于"激励计划"的演讲，胜出的销售人员会获得高质量的线索，供他们挖掘新用户。我第一次去上销售技能培训课时就学到了"除非你已经开始挖掘新用户，否则你还不能成交"。

也许你也曾经和我一样，在销售课上学到的是"销售就是一个数字游戏"。换句话说，你挖掘的新用户越多，你的销售业绩越高。所以，对于任何一个行业而言，打电话给潜在用户推销自己的商品都是一项最基本的技能。

我学会了这个方法，开始给潜在用户打电话。为此，我还专门准备了稿子，大意如下：

> 您好，史密斯先生。我叫斯科特·麦克凯恩，来自 XYZ 公司。您今天好吗？（我短暂地停顿了一下，听对方含糊地应答着）

---

1. 威瑞森电信的老广告："你现在可以听到了吗？好的！"——译者注

太好了，听到您这么说真是开心。史密斯先生，我们公司曾经帮助过其他公司提升过业绩，对此您有兴趣吗？

还有比这更加颐指气使的吗？

对用户的关注度还能再低一点儿吗？

这是与用户建立关系的方式吗？

显然，答案是否定的。

我甚至参加过多个培训班，这些培训班旨在开发“消除用户对电话营销的反感情绪”的应对战略。从中我学会“第三方认可”以及“感受、觉得、发现”三步走的方法。

“我能体会您的感受。”

“很多人也这么觉得……”

“直到他们发现……”（此处插播产品特性的广告）

我很惊讶地发现，培训班居然讲授了那么多“销售技巧”。在其中一个培训班上，老师列了一个清单。清单内容如下：

如何应对用户拒绝接听电话这一问题？如何应对常见的拒绝理由（例如：我太忙了；我对现有的产品很满意；太贵了吧；我没什么兴趣；我想看一下宣传材料；我做不了决定；你找错人了；不需要！）？

如何解决用户对电话营销的反感情绪？

如何应对犹豫不决的用户？

我坐在那里，盯着这份清单看，我突然明白了：我要参加的那个培训班无非就是想告诉我：**我和潜在用户之间的互动其实就是要让**

我征服用户。

换句话说，我要和用户建立起关系的途径就是要去征服他们的想法，击败他们的真实感受！若一段关系始于一方试图强行去消灭另一方，那这段关系还能长久吗？双方还能忠于对方吗？

在销售培训中，我们所学到的是如果我们可以成功地将这些手段和技巧运用于潜在用户，就能提升我们的销售额，为我们带来利润。这一过程被称为“成交”。

此外，你还应该检验一下我们的商业心理学和销售心理学是如何受到“成交”一词的影响的。

优秀的专业销售人员常常被称为“强大的成交者”。一个与销售有关的网站（ChangeMinds.org）列出了36个成功技能：

（1）1-2-3型成交法——遵循三原则，确保成交。

（2）经济型成交法——确保用户买得起你的产品。

（3）选择型成交法——给用户提供几种选择。

（4）假定型成交法——假定用户已经决定成交。

（5）平衡型成交法——权衡利弊。

（6）“路过莫错过”型成交法——强调现在正是购买的最佳时机。

（7）奖励型成交法——给用户一点儿甜头，从而达成交易。

（8）括号型成交法——给用户三种选择，但目标一定要放在中间。

（9）日历型成交法——将交易时间约定好。

（10）亲友型成交法——将产品销售给目标用户身边的人。

（11）恭维型成交法——极力吹捧，直至用户投降。

（12）让步型成交法——给用户一定的让步，从而达成交易。

（13）条件型成交法——提出条件，促成交易。

（14）求爱型成交法——用各种“甜言蜜语”诱惑用户达成交易。

（15）展示型成交法——直接将产品展示给用户。

（16）质疑型成交法——假装质疑产品，然后让用户来否定你。

（17）省钱型成交法——让用户花钱少，实惠多。

（18）尴尬型成交法——让用户感觉到不买不好意思来促成交易。

（19）煽情型成交法——触发用户必然流露的情绪。

（20）走心型成交法——走心地与用户建立关系，然后将产品卖给这位新“朋友”。

（21）报空价型成交法——给用户一个销售异常火爆的假象。

（22）未来型成交法——按照约定，在未来的某个时候达成交易。

（23）黄金选择型成交法——明明没得选，却让该选择看似最具吸引力。

（24）幽默型成交法——用你的诙谐幽默让用户放松警惕。

（25）智商利诱型成交法——告诉用户你的产品是专门为他们这种高智商的人打造的。

（26）“错过不再有”型成交法——适用于拖延型用户。

（27）无烦恼型成交法——尽可能让交易过程简单化。

（28）限时型成交法——整个交易过程都必须加速完成。

（29）“假装拥有”型成交法——让用户感受已经拥有这款产品时的种种好处。

（30）保价型成交法——承诺价格经得起对比。

（31）装可爱型成交法——用卖萌来赢得用户欢心，从而得到想要的回应。

（32）质量型成交法——靠过硬的质量而非价格来销售。

（33）反复型成交法——多次重复成交行为。

（34）重新尝试型成交法——最后又回到原点。

（35）正话反说型成交法——假装你不希望用户购买某些产品。

（36）选择性失聪型成交法——只对你想听到的内容做回应。

我希望大家能仔细阅读上述所有内容并且明白其中的重要道理。公司教给了我们数不胜数的“大绝招”，在促成交易方面，它们的确行之有效，但它们却毁了我们与用户的关系！毋庸置疑，用户真正想要的是和商家建立良好的关系。

亲身体验

让我们亲身体验一下这些成交法吧！不过，这一次，我们不会将其运用于专业化的情境之中，而要将其运用于个人情境之中。

假设你的男友单膝下跪，从口袋里掏出一个盒子，看盒子大小，大概是枚订婚戒指。他注视着你的双眼，尝试着以下几种策略：

正话反说型成交法：你可能不想要这个，对吧？

条件型成交法：假如我可以顺从你的意愿，戒掉我嗜酒如命的坏习惯，你愿与我共度余生吗？

质量型成交法：你找不到比我更好的人了……

相信我，只要是女人都会对此感到恐惧。

我回想起我和妻子第一次谈婚论嫁时的情景。当时我的妻子并没有急于和我“成交”，对此我心存感激。如果她用到了“日历型成交法”（“嗯……既然你有结婚的想法，要不然就定在 11 月 20 号吧！你觉得如何？”），很可能我就吓跑了。

- **真正好的关系是不会为“成交”所左右的！**

审视一下大多数时候的人际关系，你就会发现“成交”往往意味着一段关系的结束，而不是开始。

- **好的感情一定是相互忠诚的。**

你对配偶很放心，知道对方不会背叛你，而对方对你也是如此。在你需要的时候，你希望你的家人和朋友会为你提供情感支持。同时，在他们需要的时候，你也会这么做。

约瑟夫森伦理研究所提出，在进行伦理选择与建立长久关系的过程中共有六大品格基石。它们分别是：诚信、尊重、责任、公平、关怀、品德。

该研究所指出，“诚信”的标志在于懂得忠诚的重要性且认为忠诚比“纯粹关照他人”更为崇高。

如果不能真心实意地为群体或个人谋求最高利益，你就不可能对群体或个人忠诚，也无法体现其他“品格基石”，如“关怀”与“尊重”。

人们似乎可以本能地理解这一原则。一旦你并非真心实意地关心他们的需求与愿望时，他们就能立刻“了然于心”。渐渐地，我们就明白了，一个劲儿地开发新的用户资源，在老用户看来，就意味着你们只关心如何“销售产品或服务”，而不为他们解决任何问题。

然而，许多公司却陷入用尽全力挖掘新用户的恶性循环中，甚至不惜耗费巨资培训员工，让员工学习挖掘新用户的手段和技能。他们始终无法明白的是为什么还会有那么多用户夺门而逃。

前门——后门

开发新的用户资源顾名思义指的就是公司想方设法吸引新用户，对吧？每个公司都希望拓宽用户基础，扩大经营。显然，这个想法并没有错，而且势在必行。你的公司必须敞开前门，喜迎天下新宾客！

但问题在于许多公司都忽略了以下两个重要因素：

a. 获取用户的方式如何起到定调的作用？即用户一旦进了“前门”，可以期待获得什么样的用户体验？

b. 用户一旦进来后，等待他们的会是什么？

换言之，许多公司在敞开前门吸引用户的时候，可谓用尽了浑身解数。事实上，它们应该通过建设企业文化并用自己的实际行动为建立忠诚、长期的用户关系打好基础。

公司将太多的注意力放在了“前门”上，而没有注意到“后门”大开，老用户正鱼贯而出。

- **许多公司都忽略了一个显而易见的问题：如果后门大开，老用户**

夺路而逃，那么无论你从前门带进了多少新用户都于事无补。

在我的第一本书中，我就谈到这样一个现象：所有公司都有新员工的“招募”策略，但是相比之下，有防止老员工流失、培养老员工的“留人”策略的公司则少之又少。现在，我想告诉你们的是，在处理与用户的关系这一问题上，同样的原则完全适用。

这个原则就在眼前，请翻回本章开篇部分谈到的那份报纸。

想一想你就能明白，其实任何广告都相当于一份邀请函，旨在邀请用户走进广告赞助商的“前门”。潜在用户会看到无数企业通过广告向他们发出了邀请。同样是这些公司，对于如何开发有益于培养新用户忠诚度的用户体验却毫无头绪。从前有一句台词说的就是这个道理：有只狗追着车跑，但是，就算它追上了车，也不知道接下来要做什么。

然而，由于许多企业一味追求获得新用户，但不懂得维系与老用户的关系。也就是说他们只顾挖掘新用户，不注重培养用户忠诚度，因此在企业所能提供的与用户真正想要的这两者之间产生了巨大的裂缝。

用户忠诚度源于用户交互

那么，何为用户忠诚度？

你可能会给出一个很简单的答案：用户总会一次又一次地选择我们公司，并购买更多的产品和服务。然而，这种回答并没有把握住真正的、持久的关于忠诚度的核心。

回应公司总裁理查德·莫里森在《用户互动解决方案》（*Customer Interactive Solution*）一书中写道："我们咨询了50家公司是如何定义用户忠诚度，又是如何获得用户忠诚度的。毋庸置疑，我们也得到了50种不同的回答。"

在《广告学刊》中，宏盟集团旗下公司的斯科特·贝利提出这样一种观点："只有客商双方均认为双方的关系是平等的，才能形成用户忠诚度。"

莫里森继续写道："只有不断对用户的反馈做出回应，并且采取实际行动，用户的眼里才能看到公司的真正价值。如此一来，用户才会真正满意，才会真正忠诚，才会继续光顾你的公司，才会满怀热情地向他人推荐你的公司。此外，只有当全公司上下，无论是前台接待还是高级管理人员，都秉持要对用户忠诚的理念时，公司才会真正明白用户珍视什么。"

公司如何才能自始至终地、更好地满足用户需求？

我认为，在用户忠诚度方面，商家和用户之所以存在脱节，其中一个原因是许多企业错误地估计了其与用户的亲密程度。

以恋爱为例，试想一下两个人在约会时的三种情形：

（1）如果双方都只是抱着"玩玩而已"的态度且双方都心知肚明的话，那么双方对这样的关系都会感觉很自在。

（2）如果双方都"很在意"对方，彼此相爱，那么双方对这样的关系也会感到自在。

（3）如果一方抱着"玩玩而已"的态度，而另一方却"很在意"对方，问题就出现了。

若用户"很在意"和供应商或商家建立良好的关系，而你只顾挖掘新用户，只注重产品而不关注用户遇到的问题，你看起来只是想“玩玩而已”，你和用户之间就会出现问题。

有好几位作家和演说家都用“用户交互中的六个阶段”或某些人所说的“用户生命周期的若干阶段”来说明用户互动的程度。唐·赫特森是一位颇具传奇色彩的职业演说家，他同时也是我在演说家圆桌会议中的同事。我是从他口中第一次听到“用户交互中的六个阶段”这个概念的。

这六个阶段分别是：

a. 目标用户

b. 潜在用户

c. 头回客

d. 回头客

e. 固定用户

f. 口碑宣传者

“目标用户”即对你公司提供的产品或服务有需求的消费者。他们还不确定是否从你的公司购买他们需要的产品或服务，而你也不确定他们是否有能力购买你公司的产品或服务。此时，双方需要共享信息，关系才能进一步拉近。

“潜在用户”是既有购买能力又有需求的买家。但是，除非卖家可以证明有能力为买家解决问题，否则他们是不会找你的。

“头回客”顾名思义就是第一次向你购买产品的人。他们使你有机会为其提供服务。与此同时，他们也会对卖家能否满足自己的需求进行评价。评价的结果将决定其是否愿意成为回头客。

“回头客”很显然就是再次光顾的“头回客”。但是，要使“头回客”变成“回头客”，我觉得你的公司还大有可为。比如：如何实施产品和服务战略？如何进一步维系用户关系，使其成为回头客？例如，汽车经销商希望你回店接受洗车服务的部分原因就是他们希望把你培养为回头客。这不仅仅是为你现有的车辆提供服务，也是为你的下一辆车提供服务。车主越经常在汽车服务部门进行消费，就越有可能在这家汽车经销门店购买下一辆车。（当然，除非汽车服务部门毁了销售部已经建立起的用户关系。）

“固定用户”这个词表明买家的参与度进一步提升，并且意味着双方的关系已经达到一定的密切程度，也具有了一定的排他性。固定用户需要的不再是物超所值。他们觉得与你已经建立起互惠的关系，并且这个关系还可以继续发展。

最后说的是“口碑宣传者”这个词，它体现了买卖双方互动及忠诚度的最高级别。虽然数量极少，但这些人非常重视与你公司的关系，因此他们也成了你公司产品和服务的推广者。“advocate”这个英文单词还有一层意思是“某人代表他人去执行或协调”。因《一分钟经理人》一书跻身亚马逊畅销书名人堂的肯·布兰佳还出版过另一本畅销书《顾客也疯狂》。在这本书中，布兰佳建议企业应该调动用户最高的参与度。换句话说，我们的重心在于培养口碑宣传者，使其成为狂热的用户。

许多公司目前存在的问题是它们将精力都花在获得更多“头回客”上，而在对待“固定用户”上十分不用心，只是把他们当作“回头客”来看待。其对待固定用户的个性化服务程度和情感参与度都不足以让这种关系更上一层楼。

一旦出现这种情况，你就无法将“固定用户”变为“口碑宣传者”。这样一来，“固定用户”就表现出“回头客”的姿态，接着就变成“路人甲”。现在，他们同样成了你竞争对手眼中的“潜在用户”。

与此同时，请思考这个问题：有哪家公司取得巨大成功可以不需要“狂热的用户”？

用户忠诚度的价值

假如你的公司一贯的工作方式属于“一心挖掘潜在用户，全然不顾老用户”这一类型，或许我在告诉你“对于你的公司而言，没有什么比用户忠诚度更重要”时，你会不以为然。

我知道，这一点对于大家而言的确很难。从某种程度上来说，这是一个完全不同的领域，这需要一系列不同的技能，却很少有人接受过这种培训。只有当双方建立起关系之后才可能存在忠诚度。许多经理人认为这种技能属于“软技能”。

经理人领导力培训公司总裁卡罗勒·尼古拉德斯写道：

> 西方文明与我们传统的管理理论指引我们朝着个人主义发展的方向前进。与其说它们展现的是我们的人性，不如说它们展示的是我们的力量。不幸的是，大多数研究院不会教你如何培养软技能。你一学会 XYZ，教授就会给你打一个高分。但是，教授不会因为你懂得如何面对困境、有同情心或能够解决意想不到的困难而给你加分。然而，你和员工不会因为你们掌握了多

少实际知识而获得赞美。赞美你们通常是因为你们对软技能的充分应用。与此同时，软技能的应用也是你的公司强于竞争对手的关键竞争力。

专业技能发展学院执行董事特里萨·E. 凯恩博士认为：

大多数公司要么认为这些软技能无足轻重，可有可无，要么完全不当一回事。然而，市场佼佼者、一流企业以及机构研究者深知，较之于专业技能，这些基本技能对于企业及企业能否取得长久的成功而言更为重要。这些技能并非唾手可得：软技能需要硬实力！互信关系不可能一蹴而就，但可能被毁于旦夕。大多数公司和求职者都会毫不犹豫地选择提升专业技能，但大都很自然地忽略了软技能。

- **你的公司在提升技能、创建用户体验方面的投入是否和提升专业技术方面的投入一样多呢?**

显而易见，大多数公司给出的回答是否定的。然而，那些能够培养用户忠诚度的技能对公司的盈利同样具有非同寻常的影响。

还记得我们先前提到过一个数据，说大多数公司 5 年内会流失 50% 的用户吗? 你不妨停下来思考片刻：如果即将流失的用户中你的公司只能留住 5%，那会怎么样呢? 那对于你的公司而言意味着什么呢?

弗雷德·赖克哈尔德出版过两本关于用户忠诚度的书，他指出，哪怕你只能留住 5% 即将流失的用户，但是“平均每个用户的价值都可能增加 25% 至 100%”。他还指出，如果用户保有率提升 5%，那么公司的盈利将提升 25% 至 100%。

赖克哈尔德还说：“同理，美信银行（MBNA）发现，留住 5% 的用户，每个用户的利润就会提升 125% 以上。而州立农业保险公司则确信，用户保有率提升 1%，随着时间的推移，资本盈余可以增加十多亿美元。”

（如果你还是用以前的方法，通过电话营销来寻找潜在用户，那么我真想反问一句：“你觉得这样做有意思吗？”）

赖克哈尔德是贝恩公司的名誉总监，同时他也是美国用户忠诚度研究领域的顶级专家。他提出了发展“狂热用户”的六步走计划。此计划将给你的公司带来震撼人心的效果：

a. 实现双赢

b. 精挑细选

c. 避繁就简

d. 论功行赏

e. 认真倾听，直言不讳

f. 言行如一

第 1 步：实现双赢

你是否注意到双赢法和我在营销培训班中学到的“征服法”之间存在矛盾？

若你在与用户之争中想率先胜出，那么无论是现在还是将来，你都无法建立起用户忠诚度。就如那句老话所言，“你会赢得一场战役，却失去了整场战争”。就商业而论，那就相当于我们虽赢得了业绩，却失去了用户。重新评价你的公司对待上文提及的“目标用户”及“潜在用户”的方式，试想一下用户与你的公司互动的过程对用户而言是否属于“双赢”。

一种评价方式是重新评判之前的流程，确定是否可以重新定位以达到“双赢”的效果。

比如，在音乐界，人们曾经对于音乐人“粉丝俱乐部”的重视少之又少。但如今，这些艺人重新审视粉丝俱乐部的存在，发现粉丝俱乐部让他们更贴近这些“狂热的粉丝”，同时收入也随之增加。

有了互联网以及社交媒体，艺人能随时与粉丝保持联系。他们在俱乐部里预售唱片及演唱会门票，也销售纪念衫、纪念磁铁等小商品。

同时，粉丝也能获益：他们觉得和偶像的距离更近了。美国音乐杂志《公告牌》中有一篇文章写道，“若当红艺人能在演唱会中为粉丝俱乐部成员预留近10%的座位，而且是最好的座位，粉丝就有足够的干劲缴纳会费了”。

《今日音乐》粉丝俱乐部服务部主任吉姆·斯塔比尔说：“每个人都想要最好的座位，它们就像皇冠上的宝石一样。”

- **你的公司如何才能搭建起一个架构，像粉丝俱乐部为唱片艺人所做的那样，与用户联系得更紧密，建立用户忠诚度，并创造双赢局面？**

第 2 步：精挑细选

在我职业演说生涯的早期，我为“潜在用户”提供的演讲话题可谓五花八门。当时我觉得，如果备选话题包罗万象，无所不谈，即从时间管理到销售技巧、从领导能力到激励措施等，我就能获得更多邀约，也会因此财运亨通。

问题是，由于我对所有话题都来者不拒，所以我并未能塑造出一种无所不能的高质量信息提供者的形象。

直到我开始对话题精挑细选并专注其一——创造确保用户忠诚度的体验，我的演说事业才走向欣欣向荣。

- **若你对自己从事的工作不精挑细选，用户也不会选择你。**

我认为沃尔玛是一家懂得如何精挑细选的企业，虽然多数人对此也许并不认同。沃尔玛并非为每一位需要零售商品的用户服务，而是定位于寻求最佳性价比的用户，并非随随便便哪个人。

论据如下：塔吉特超市[1]。该超市的目标群体是那些追求商品质量高、物有所值，两者要趋于平衡的用户。有句话说得恰到好处：无所不能便一无所长。

试图取悦每一位用户的企业最终建立起的用户忠诚度将为零。

第 3 步：避繁就简

千千万万个商业实例表明，我们才是自己最大的敌人。我们把事情复杂化，为自己设立障碍，阻止潜在用户与我们打交道。不幸

1. 塔吉特超市为美国著名连锁超市 Target，沃尔玛的竞争对手。——译者注

的是，这样就错失了许多将用户提升到“口碑宣传者”这一阶段的机会。

孔子曾告诫我们，“君子耻其言而过其行。”[1]“焉用佞？御人以口给，屡憎于人。”[2]，意在说明行动就是最好的语言。

我们看到商业的许多方面正朝着简单易行的方向转型。阿肯色大学商业研究人员表示，“一种新的消费潮流可能导致零售额下滑”。

阿肯色大学研究生海伦妮·切里耶尔正在跟踪这个被称为“自愿简单”的潮流，其指导教师为山姆·沃顿商学院市场营销系教授杰夫·默里和诺玛·门多萨。

市场营销系助理教授门多萨在阿肯色大学发布的一则新闻中指出：“尽管价值仍旧重要，但零售商应把关注点放在无形资产上。如果零售商强调要提供带有人情味的服务，并帮助用户找到产品或交易背后的意义，他们便能从与用户群体及忠诚用户间的关系中获利。”

换言之，还是回过头来关注与用户发展关系这一最简单的做法吧。

- **重新审视一下！用户在与你的公司打交道时是否觉得简单易行，是否无须费心费力？**

---

1. 语出《论语·宪问》。——译者注
2. 语出《论语·公冶长》。——译者注

第 4 步：论功行赏

我的好友迈克尔·勒伯夫博士有一本经典之作——《21 世纪管理新观念》（*The Greatest Management Principle*），探讨的就是这个问题。

- **“21 世纪管理新观念”是：得到奖赏的行为会重复发生。**

诚如勒伯夫博士所言，许多时候企业都在奖励错误行为却不自知！

这个问题可同前文我所提到的选择错误衡量方式的问题一起讨论，它同样会拉远你与用户的距离。如何体现呢？正如前文讨论的，你得出的结果都基于你的衡量标准，并且你鼓励的行为也都基于这个衡量标准！

再次以“麦当劳得来速”为例。假设“服务速度”是商家的头等大事，那你就能想象得出餐厅总部高管制订出的计划：测算一下车辆行驶到窗口、下订单、取餐到驱车离开所需的时间。

听起来很有道理，不是吗？

再比如，印第安纳州西摩市的一位餐厅经理得到启发后，极力提高服务速度以打动顾客。经理告诫员工称，只有让车辆尽快完成购餐流程并驶离车道才是王道。

带着这个理念，员工不再和用户拉家常了，因为只有这样用户才会更快离开。他们甚至匆忙到把打包好的食物直接扔进用户的车里，因为他们不得不“让车子动起来”！

经理对员工的表现非常满意，员工“服务”用户的速度得到了经理的嘉奖。而且，在接下来的区域会议上，这位经理还被叫上领奖台，领取奖金支票，还被授予奖牌，以资鼓励。

其他地区的经理见状纷纷眼红，他们也想得到认可，也想获得奖励。

尽管如此，会议结束后，总公司却发现了一件怪事。

大家都惊讶地发现，从营业额来看，西摩分店的业绩正在下滑！这是怎么回事呢？

而此时，西摩餐厅的经理正拿着奖金在夏威夷度假。公司高管决定等他一回来就要采取措施，展开行动！公司高管授意西摩餐厅经理提拔更多人才，分发更多传单，弄明白到底是哪个环节出了错。

没有人意识到真正的问题不在于经理——而在于总公司。

- **他们奖赏的是错误的结果。**

在本章前半部分，我直言不讳地就威瑞森电信关于用户体验的声明进行了评论。但是，近期威瑞森电信的发展表明，它正在积极聆听用户的心声。

通过浏览威瑞森电信在报纸上刊登的精美广告，你会发现它对新老用户都提供了优惠措施。奖励了用户的忠诚度后，猜猜它能够收获什么？

从今天开始，观察一下你所在的部门、团队、公司奖励的行为有哪些？请记住："得到奖赏的行为会重复发生。"如果你以错误的行为作为衡量标准，继而奖赏因此而产生的错误结果，你就无法得偿所愿，你所获得的只是你受到奖励的错误结果。

第 5 步：认真倾听，直言不讳

如今的交流方式比历史上任何时候都要丰富。

现在，我正坐在内华达州亨德森市一家星巴克里写这一章的内容。店内大部分座位都有无线网络。我上着网，喝着咖啡，来这儿不到半个小时就收到 12 封邮件和 4 条信息。

桌上，放在电脑边上的是我的 iPhone，我已经听了两通电话。

你的生活大抵也是如此——我们被通信交流压垮了！

但是，尽管现在比以往增添了不少通信工具，有效沟通的原则还是守常不变的。每个人都希望被人倾听，并且每个人都希望谈话对象能赤诚相待。那有何难？显而易见，困难重重。

我们继续以私人关系为喻。想一想这个国家的离婚率吧！婚姻关系鲜少因为伴侣太过专注的倾听或是真情实感的交流而结束。

现在，再想想有多少用户与公司间的关系是破裂的，你会看到相同的结论。

- **用户不会因为你过度关注他们而离开你，也不会因为你太过认真直率而与你断交。**

黛安娜·马萨罗是休斯敦地区数据托管公司市场营销副总裁，她在《公关新闻》杂志上发表过一篇题为“关系康复治疗：开放坦诚的交流开启成功”的专题报告。文中称，“开放、坦诚且近乎即时的沟通是解决人际关系中任何小毛病的关键”。

她提醒读者，轻松利用看似随意的日常互动防患于未然是至关重要的。“我们对什么方法奏效而什么方法不奏效表现得极为坦诚。为确保公司朝着正确的方向发展，我们会与用户谈论任何问题，所有的交流都是开放的、坦诚的。”

所以，为何在通信工具如此之多的今天，公司及其员工却在聆听用户所言上困难重重？

显然，原因不止一点：时间被压缩了，而我们都太忙碌，有太多当务之急要解决，太多事情在我们身边上演，周遭太过喧嚣，我们难以专注……还有千千万万个理由。

- **也许确实也有无法倾听的理由，但不能把这个理由当成借口。不该以此为借口对用户的意见和建议置若罔闻。**

在《沟通天地》（*Communication World*）杂志中，约翰 · R. 沃德指出：

> 研究显示，人类70%到80%的清醒时间都被用于不同程度的交流。其中，45%用于倾听，30%用于说话，16%用于阅读，9%用于书写。如果有一半的时间都用在倾听上，并且大多数人花在倾听上的时间只有25%，想一想你都错过了哪些东西？倾听基本上属于一种未被充分开发的技能，倾听是一种可以习得的一大技能，它会帮助你在未来走向成功。良好的倾听始于端正的态度：愉悦、开放、包容。除非有人在倾听，否则沟通就无从谈起。

假设确实如沃德所言，倾听是一种尚未被充分开发的技能，那么理所当然地，把训练这项技能作为头等大事加以提升，我们便能掌控一切了。在让同事接受培训，提升倾听技能之前，你不妨亲自体验一番。或许，你也会吃惊地发现，原来你错过了很多东西。

但是，光有倾听是不够的，你还应该对用户和员工直言不讳，这样才能相得益彰。

《人力资源聚焦》（*HR Focus*）杂志上有一篇文章这样写道："研究表明，也许你会认为自己公司内的沟通已经足够清晰、完整、坦诚，但结果可能并非如此。"文章重点援引了韬睿咨询公司进行的一项调查。

文章继续写道："该公司新近发表的一篇调查报告《强化公司可信度：别和员工绕弯子了，好吗？》中提道：'参与调查的 1 000 名美国员工中，仅有 51% 的人认为雇主会告知雇员实情；19% 的人持相反意见；1/3 的人认为如今他们得到的信息和三年前相比，可信度已经下降了不少。'"

詹姆斯·帕特森和彼得·金共同撰写了《美国说实话的这一天》（*The Day America Told the Truth*）一书。在书中，他们指出，人们或公司之所以撒谎，大多不是为了伤害他人，因此，相对而言是无害的。

但是，设立标准，对用户直言不讳却是公司应尽的责任。

财捷集团创始人斯科特·库克在《财富·小型企业》（*Fortune Small Business*）杂志中说道："如果你的公司建立在虚假之上，那么连公司内部的职员也不会对你说实话。"

第 6 步：言行如一

提出"言行一致"这一观点时，赖克哈尔德旨在强调讲好自己的故事的重要性。我此前的几部著作对此曾做过详细的讨论。但是，我们要对这一观点适当进行引申，以确保我们的“言”与“行”能够达到统一。

埃德加·格斯特曾写过一首诗，开头是这样的：“我宁愿看不到，也不愿听不到。”榜样是最好的宣传，诚如后面的诗句所言：“用眼睛看，比耳朵里听到的谏言更令人鼓舞；好的忠告令人困惑，但榜样总是清晰的。”

商家与用户之间的脱节往往是公司并未兑现外在的承诺造成的。

我已故的妻子谢里在与卵巢癌斗争的过程中，因为接受化疗而面临一些健康问题，如极度脱水。我们给医生打电话，医生建议最好的办法就是马上把谢里送到急诊室打点滴。

我们在那里人生地不熟，而且离我们最近的医院也不接受我们的医保。我们本可以选择市里的任何一家医院，但我们选择了一家电视广告做得最精彩的医院，广告里说这家医院的病人可以享受到体贴入微的照顾。电视里医生和患者都面带微笑，医院的整体环境也仿佛集《建筑文摘》设计特刊和迪士尼乐园的优点于一体。

我们一赶到医院，泊车员马上迎了上来。这项服务很周到。这样，我病中的妻子就不用步行一大段距离，而我也不用到离她很远的地方去停车。

一开始一切顺利，实际情况似乎和广告十分相符。

想象一下，如果急诊室里挤满了候诊的病人，那我们该有多失望啊！我不指望能享受到完美的医疗服务，但是我也万万没想到偌大的一间候诊室里挤满了不断咳嗽、呻吟、哀号的病人！

给我妻子做检查的护士的态度说得好听点儿是“不太友善”。比起我妻子的身体状况，她显然更关注我的医保。谢里当时病痛缠身，弱不禁风，她低声呜咽地问护士还要多久才可以得到治疗。

我们的医生在电话中说她会通过电话办理好服务手续，所以不需要看医生，只需护士给谢里安排打点滴即可。

护士给我们的回复是："我们方便的时候就来。"

我问："据您估计需要多久呢？"

"我们方便的时候就来。"

我试图礼貌地解释谢里的病情正在加重，总是恶心反胃，而她们只要把医生开出的生理盐水挂上，打起点滴，就能极大缓解我妻子的症状。这确实不是什么难事吧？

"我们方便的时候就来。"

又等了一个小时，我走到护士站，问她们是否知道谢里能够接受治疗的确切时间。猜猜她们怎么说？

"我们方便的时候就来。"

我不想一一细数当晚看到的恐怖画面。我们看到一个衣着凌乱的老人家从轮椅上摔了下来，周围其他病人及家属匆匆扶起他并呼叫护士，但我们却看到护士站里的一位护士翻了个白眼，不耐烦地说："等等，等我一会儿，我还在打电话。"

我又给附近其他急诊室以及紧急护理中心打了电话，但被告知，谢里的病情如此严重，最好的方法还是在原地等待治疗。从这家糟心的医院离开，再进入另一家糟心的医院，还得再排队，并没有意义。

终于，在经过 6 小时的漫长等待之后，谢里被叫进诊室。打了点滴之后她的病情大有起色。

后来，我打电话投诉，但对方显然对我们的问诊遭遇没有丝毫同情心。我愤愤不平地问对方是否看过电视上播放的自家医院的广告？至少要意识到虚假营销是错误的。

“算了吧，”电话那一头的人不屑一顾地说，“没人会相信那玩意儿。”

不管你相不相信，听到他的话，我的感觉竟然是怪自己误信了他们的广告。

真是骇人，不是吗？

- **在谴责医疗部门反应迟钝之前，你可以扪心自问一下：你的执行力真的和宣传的一样好吗？**

不要一边用“飞行在友善天空”打广告，一边是像对待奴隶一样对待需要践行广告语的空乘人员。不要一边宣传“百分百满意，免费住酒店”，一边忽视提意见的旅客。不要一会儿说“您的比萨将在 30 分钟内送达”，一会儿在我下订单时又告诉我说“今晚订餐数量多，您的订单将在一个小时后送达”。

你的用户认为要求商家履行其承诺并不过分。如果把重点放在降低飞机票价而不是提供人性化的友好服务，那就请把广告语改成“飞行在低价天空”吧。

顺带提一下，那次急诊室经历的后续是，医院发现我少交了一笔医疗费，我需要自费的部分比医院预想的要多。医院打电话来催款时，我让他们转告之前接待我的工作人员，“我们方便的时候就来”。

哇，这感觉真爽。

然而，许多公司确实履行了承诺，但是只有它们自己清楚。我的问题是：如果你不宣传，那该由谁来宣传呢？

有一些企业的“故事”可谓家喻户晓：弗雷德·史密斯在大学论文中就萌生了创建美国联邦快递的念头；创建西南航空的想法最初诞生于一张鸡尾酒餐巾纸上，等等。这是因为这些企业都懂得如何讲述自己的故事！

- **如果你的公司、部门或店铺未能“宣传”你们做了什么，是怎么做的，有何与众不同之处，那么未能获得用户忠诚度就是你们自己的错了。**
- **有来有往才有“关系”**

在生活中，你肯定会悟出这样一个道理：所谓关系涉及的必定不止一方。如果你爱上了一个和你没有任何交集的人，那么你们之间肯定没有任何“关系”可言。

在商业上也是如此——只有当你和用户双方都参与其中，你们之间才会建立起关系。

这样一个简单的事实促使我们对下述问题进行了思考。我们在用户关系管理方面斥资数十亿美元，到底值不值得？继而我们要问的问题是：如此巨额的投资是否给我们带来了合理的回报？

毕博咨询公司曾对金融服务业的用户进行过调查，调查发现，尽管企业在用户关系管理上不遗余力，但是，“仅有 22% 的金融服务经理人相信用户会向亲朋好友积极推荐该公司的服务”。

如果花了大把的时间、金钱及精力，转介率仍不足 1/4，你就不得不扪心自问一番，你是否真的理解了“关系管理”的真谛。

但是，我们仍要寻找潜在用户！

我当然不希望本章的内容看起来显得我或者你的用户，不支持对潜在用户进行挖掘。其实远非如此。我们都了解你需要敞开“前门”，不断吸引新用户进门。但是，许多用户对此却有些恐惧。

一方面，用户希望用户越多，价格越优惠。另一方面，用户也担心用户越多，你对他们的关注程度越低。

用户越多，企业就会日益壮大，这固然很好。但是，用户会担心，企业过于壮大之后，你就会把他们这些曾经相伴左右的老用户抛诸脑后了。

从一个实际的角度思考，一家公司如何才能吸引新用户且不疏远老用户，而且在老用户想要保持忠诚的时候不让他们感到你正无休止地寻找潜在用户？

不论你信不信，答案就在本章开头我批判的内容中：销售培训。

“独特的销售主张”

我们在销售培训中学到的其中一点就是“独特的销售主张”（USP 原则，unique selling proposition）的重要性。换言之，你需要在产品或服务中找到使其从竞争中脱颖而出的特别之处。是什么使你保有优势，为你创造得到订单的良机，并让你打败竞争者呢?

常常，这种方法归结起来无非就是两个最基本的要素：价格和服务。如果我无法提供最低廉的价格，我“独特”的主张就应该是售后服务。

通过培训我学到了各式各样的套话来强调我方报价的“独特性”。比如，“每个人都会为自己的产品定一个价格，因为他们了解自己的产品。因此，如果竞争者的价格优于我，那么，他显然比我更了解自己产品的质量！”

或者，如果我在价格上占有优势，我就会说：“因为我们公司规模较大，产量大，因此价格更优。我们的产品物美价廉，而竞争者的产品可能质差价高。”听起来耳熟吗？

里克斯·奎因在《室外电力装备》（*Outdoor Power Equipment*）杂志上撰文称，创建 USP 原则有四个基本因素：

a. 独树一帜

b. 易于记忆

c. 简单易懂

d. 至关重要

但是，USP 原则存在一个根本问题。

大多数情况下，商家所认为的“独特”与用户的标准不尽相同。

和我写作本书第一版时的情形相比，现在这种情况更为明显。在当今这个互联互通的世界里，市场呈现出竞争白热化的趋势，要想在产品或服务方面“独树一帜”，其困难程度无法言喻。

如今用户越发精明，获得信息的渠道也越来越多，他们听过许多“独特的销售主张”，也许他们可以不费吹灰之力就找到你口中所谓“奇特罕见”的商品的替代品。

同时，要注意一点，USP 原则并没有涉及如何创造用户忠诚度。

USP 原则从根本上来说是一种销售技巧，而非留住用户的技巧。

不是说USP原则是糟粕,而是在如今的市场上唯有USP已远远不够。

在管理(并非销售)培训中另一个谈论较多的话题是“持续竞争优势”。管理者常常被问到,究竟是何种高明的定位使其产品与服务从竞争中脱颖而出,并久经时间的考验。

十年前,我曾写道,有关“持续竞争优势”的文章读得越多,我就越意识到这个方法有其与生俱来的内在问题。最新的研究表明我的预料为真。

哥伦比亚大学商学院教授丽塔·冈瑟·麦格拉思在《竞争优势的终结:如何让您的战略与您的业务一样快速发展》(载于《哈佛商业评论》)一文中表示,如今的市场优势都是转瞬即逝的,并非可持续的。她写道:

> 如果把曾经鼎鼎有名而今销声匿迹或江河日下的企业列成清单,那将是一串很长的清单。它们的衰落是可预见的,是将持续竞争优势作为行事指南的必然结果。衰落的根本原因在于,这些利用竞争优势以获取最大价值的、根深蒂固的体系,在环境需要企业能抵挡短时繁荣浪潮时会成为阻碍。为了在更加动荡和不确定的环境中竞争,你需要与众不同。

十年前,我在本书第一版中也曾这样写道:

> 当我们问出“我的产品究竟有何种竞争优势能够真的持续存在?”这个问题时,我们内心的重点就放在产品或服务而非用户上了,无意之中就产生了如前文所述的脱节。想一想吧,在当今快节奏的市场中,几乎没有可以持续存在的东西。

我要提供一个方法，它既能用与众不同的方式唤起用户的购买欲，又能解决你对产品生命周期及可持续性存在的担忧，这就是：打造应时应景、无法抗拒的优势（CCA 策略，contemporary compelling advantage）。

应时应景、无法抗拒的优势

首先，什么是竞争优势？管理学大师、教育家迈克尔·波特认为，所谓竞争优势就是获得的位置，即“用户认为某公司的产品比其竞争者更具价值”。

- **在当今市场中，波特当初的作品所面临的挑战是如今用户在确定产品的“价值”时，只看其他因素，而不看产品；或者既看其他因素，也看产品。**

我们已经确立了这样一种观点，即用户忠诚度因用户感受到的所有体验而生。这是产品或服务与你提供的服务级别以及你提供的体验相融合而生的。

把关注点从内部（“我们该如何开发带有持续性优势的产品或服务？”）转向外部（“我们该如何向用户提供无法抗拒的、应时应景的价值，并以此创造独特优势？”），我们就能和竞争者拉开差距。

另外，这种方法能够成功降低可模仿性，因为你设立的是一个动态的目标。芭芭拉·弗林在《管理议题杂志》（*Journal of Managerial Issue*）上写道：“被模仿者很快就会超越模仿者正试图模仿的水平。改变可以带来持续的、附加的好处，进而带来持续不断的改进，因此使得别人难以模仿。”换言之，利用 CCA 策略可以为公司创造有利的竞争优势。

并且，正如前文所述，若用户有心对某商家忠诚，则会寻找情感上的联系。这个方法令人无法抗拒的方面在于它不再是一种“销售主张”，相反，你创造了一种“忠诚策略”。

CCA 将公司对独一无二特点的需要同用户对情感联系的需要相结合。

CCA 满足了公司想在竞争中占据优势的渴望，也满足了用户想对商家产生依赖、抱有持续忠诚的渴望。

CCA 的关注点在于公司如何能带给用户真正所需的，而不仅仅是使产品或服务与众不同，而且，这种不同还不是可持续性的。

最重要的一点是，CCA 作为一种工具，有双重功能。既能巩固老用户的忠诚度，也能吸引新用户。

CCA 的主要优势之一是，它的设计理念简单，却能对公司产生深远的影响。要创建属于自己的 CCA，你应该从以下三个问题着手。

（1）我们的产品、服务以及用户体验与市场中的竞争者相比有何独特优势?

（2）上述优势中的哪一些可以作为吸引用户来此消费的无法抗拒的理由，而不是把用户拱手相让? 我们该如何与用户交流?

（3）如何不断提升我们的优势，使其能够应时应景并让用户无法抗拒，继而越发独特?

现在，让我们来详细讨论一下这三个问题。

首先，什么是你的优势？如果连你自己都不知道，那你的用户又怎么会知道呢？顺带提一下，根据我过去 20 年与各个公司打交道的经验来看，并非公司无法确定自己的优势，而是通常被公司看重的优势在用户眼中根本一文不值。

通过另辟蹊径来创造优势并非新鲜事。早在 1993 年，哈佛大学出版社就出版了爱德华 · H. 张伯伦写的一个小册子——《垄断竞争理论》。张伯伦的基本观点是，公司应该与众不同，这样才能吸引比竞争对手更多的用户。但是，张伯伦强调，其位置、产品或价格也不应太过标新立异，以免失去潜在用户。

另辟蹊径的要点在哪里呢？有什么可以让你在市场中拥有卓尔不群的优势呢？记住，此时你需要的不是翻天覆地的大变革，只要与众人略有不同就可以了。记下那些可以让你和竞争对手拉开差距的细节。

其次，哪些优势可以成为创造用户忠诚度的有力理由？

这对多数经理人而言都是一个难题。我们中的许多人往往关注特点，而不是好处（借用销售培训行话）。

例如，一家连锁酒店可能会说自己酒店内 59 英尺[1] × 32 英尺的巴西棉浴巾是创造用户忠诚度的有力理由。其实不然。

从用户的角度看，更好的洗浴体验才是更有信服力的理由。

许多专业人士觉得，要把握令人无法抗拒的因素困难重重。营销学教授伦纳德 · L. 贝里在《优质服务：行动指南》（*On Great*

---

1. 1 英尺 =30.48 厘米。——编者注

Service: A Framwork for Action）一书中设立了恰当的标准。

他认为对公司而言，有一种检测手段可以衡量是否“令人无法抗拒”这一概念，即“如果我们突然离奇消失，用户会思念我们吗？”他的想法完全正确。

- **如果你提到的特点消失了，或者永远不再出现，你的用户会注意到吗？**
- **如果你一去永不返，用户会立马耸耸肩，投入其他供货商的怀抱吗？他们会打心眼里失望吗？**

如果你不具备从竞争者中脱颖而出的特点，也没有同用户建立牢不可破的关系，那么，用户就不会思念你。（想一想东方航空[1]、水晶百事可乐、新可口可乐[2]，还有尝试复出的说唱歌手华尼拉·艾斯。）在这些情况中，对用户而言，转向竞争对手能为他们提供相同的，甚至更好的结果。

但当你创造了能产生情感触动的特点，你就创造了用户忠诚度。并且，你还会吸引更多用户。

最后，如何不断提升我们的优势？

最后这一问的目的在于使你和你的企业把关注点放在打造用户忠诚度的用户体验上，而不是放在带来无关紧要的短期优势的产品特色上。

例如，如果一家连锁酒店认为打造“更好的洗浴体验”可以作

1. 成立于 1926 年，1991 年倒闭，曾是美国主要的航空公司之一。——译者注
2. 百事与可口可乐分别于 1992 年至 1993 年、1985 年至 1986 年推出的失败的营销产品。——译者注

为 CCA，那么它将集中精力，通过大量新产品、卫浴设计、一级施工安装来保持领导地位。它会努力在这个特定的领域成为终极领导者。

如果它只关注毛巾，它就不再拥有 CCA。

如果你将“毛巾”视作你的竞争优势，你就会遇上麻烦。万豪国际酒店只要买更大的巴西棉毛巾，你就屈居其下了。这并不是个“应时应景”的优势。

但是，如果你渴望拥有一项优势，一个与众不同的特色——就以“洗浴体验”为例，你应该把精力和资源放在打造属于该领域的“应时应景、无法抗拒的优势”上。这样，你就会自然而然地在解决问题时以用户为中心。

这听起来像是玩文字游戏，但它远不止于此。问自己“终极的洗浴体验”是什么，会产生一种与试图在毛巾上获得优势不同的思路。猜猜看哪一种思路会创造出令用户无法抗拒的优势？

我们再看一个航空公司的例子。当西南航空进入各航空公司的巅峰对决时，它将低票价和快乐旅行结合起来，创建了自己的 CCA。其他航空公司可以效仿它的低票价（也确实做到了）。但它们学不会的却是西南航空的“应时应景、无法抗拒的优势”——通过低票价与快乐旅行相结合而产生的独特优势。西南航空将其收费称为“快乐收费”。它重视乘客的乘坐体验，打出宣传，称“老朋友免费乘坐”。

还有的航空公司甚至尝试像西南航空一样为乘客讲笑话，而得到的效果就像是听一个喜剧演员模仿其他喜剧演员的经典桥段一般无趣。喜剧新人模仿蒂姆·艾伦的老戏码是不应该的。同样，其他航空公司试图模仿西南航空的做法也是不应该的。

捷蓝航空与西南航空处在同一个市场中，其口碑经久不衰，但从未试图模仿西南航空。因为它知道并践行了本章所讲述的原则——它打造了自己的CCA。它将低票价与值机选座相结合，这是西南航空没有的。并且，还有一个主要的特色，捷蓝航空是最先在椅背安装电视屏幕并提供DirecTV（一家以推行直播卫星电视为主的美国电视公司）卫星服务的航空公司之一。

我们注意到西南航空和捷蓝航空都提供低票价，为什么选择这一家而不选那一家？这取决于哪种乘坐体验更加令你难以抗拒。

其他航空公司的问题在于忽视了至关重要的一点。例如，联合航空旗下的"泰德航空"专门负责低价航班以和西南航空及捷蓝航空竞争。

但是，机上的空乘员仍来自联合航空的主线客机。结果，乘坐体验在我看来可谓糟糕透顶。此举疏远了忠诚乘客与联合航空的关系。因为，这些乘客选择乘坐联合航空的出发点在于不喜欢西南航空的廉价乘坐风格。并且，联合航空未能创造一种CCA以从它试图超越的其他低价航空那里招徕乘客。因为，并没有足够吸引人的理由让乘客放弃西南航空或是边疆航空[1]，选择泰德航空。

我要多说一句，被泰德赶走的忠实乘客还有一位，就是我本人。我认为创办泰德航空这个主意简直可笑，所以我办了一个网站，就叫别乘坐泰德(DontFlyTed.com)。

作为一位在过去十年间每年在联合航空乘坐里程数超过10万英

---

1. 美国的一家廉价航空公司，以低价策略招徕乘客。——译者注

里[1]的忠实乘客，我不相信会有任何一家公司，尤其是这家一度破产的航空公司，会斥巨资拙劣地模仿一家它根本竞争不过的成功企业。（并且在这过程中舍弃大批忠实乘客！）因此，我开始搭乘德尔塔航空。十年里，联合航空在我这位乘客身上丢失的利润高达50万美元。

顺便提一下，联合航空知道我的抗议后，告诉《落基山新闻报》等报社的记者说它欢迎我的惠顾。这一点被登在报纸上，但是，联合航空的工作人员从未告诉过我这一点。不要误解我的意思，我就是普通人，也不奢望任何特殊待遇。但是，忠诚度是由情感触动和人情味创造的。你既然有时间向记者解释，难道就没有时间把这个消息告诉用户吗？而你并没有这样做。这充分说明你一点儿也不了解最佳用户的终生价值。

CCA进阶

目前来看，你所能采取的最佳做法就是关注构成持续不断的、无法抗拒的优势的三个基本问题。

重要的是，要注意CCA不仅仅指用户留下来的时间更长了，很有可能是你的公司也能存续更长时间！

凯文·凯利在《保险期刊》（*Insurance Journal*）上发表文章《接下来做什么？回顾经验教训》提到了“用户终生价值”。当时，凯利还是列克星敦保险公司的主席兼CEO，也是美国国际集团高级副总

1. 1英里≈1.61千米。——编者注

裁，之后就任美国 Ironshore 保险公司的 CEO。凯利在文中写道：

> 在一个不断变化的世界中，持续与用户打交道是有价值的。一段持续的关系带来的附加值是多方面的：沟通会更容易、期望会更实际。知道要与什么样的用户保持联系是具有价值的，虽然这种价值难以量化，但会在充满不确定性和变化的时代中与日俱增。

记住基本前提——用户也想成为忠实用户。在发展 CCA 时理解这一点且善于利用这一点的企业富有远见且高人一等。

以易贝网为例。前任易贝网 CEO，现任惠普 CEO 的梅格·惠特曼称，“忠诚是易贝网的独门配方”。上文提到的《忠诚法则》（*Loyalty Rules*）的作者弗雷德·赖克哈尔德称，“用户保持率增加 5%，利润将增加 25% 到 95%”。

- **你对此有兴趣吗？**

本章回顾

本章讲述了导致商家与用户脱节的第三个原因是用户真正想要的是互相忠诚，而大多数商家却一味寻找新用户，从而损害了与现有用户的关系。

1. 寻找新用户
   » 商家在盲目寻求更多商机、销售更多产品的过程中想方设法要吸引新用户，却忽略了忠诚的老用户。
2. 用户保有率可设为公司最重要的一项目标
   » 多数公司在5年内会损失近半数用户。
3. 用户有权希望商家履行诺言，达到预期，并带着尊重及同理心对待用户
   » 缺失任何一项都有可能降低用户忠诚度！
4. “成交”实例
   a. 销售培训常常教我们要不断挖掘新用户
      » “销售是数字游戏”
      » “使用脚本，继续电话推销”是经常被教授的方法
   b. “达成交易”，销售才算成功
      » 但是，往往达成了交易，也损坏了用户关系
      » 销售被当作“征服”用户、消除异议的手段。在一方征服另一方的情况下，长久的关系无从谈起
      » 在销售时，人们往往会使用一些具有操控意味的成交法

c. “交易完成”意味着结束与用户的私人关系

» 关系意味着相互间的忠诚

» 采用私人关系的例子来解释与用户建立关系的原则

d. 描述建立长远关系的六大品格支柱

» 诚信

» 尊重

» 责任

» 公平

» 关怀

» 品德

e. 前门——后门

» 如果流失的老用户比吸引来的新用户还要多，那就得不偿失了！

» 企业往往不在意两个重点：

①获取用户的方式如何为用户在走进“前门”后所期待的用户体验确定基调？

②用户走进前门后，等待他们的会是什么？

f. 每家公司都有一份“用户招徕”战略，但每家公司都需要一份“用户维系”战略

» 与用户互动会培养用户忠诚度

» 公司必须准确评估用户的忠诚程度

» 与用户互动分为六个阶段

①目标用户

②潜在用户

③头回客

④回头客

⑤固定用户

⑥口碑宣传者

g. 用户忠诚度的价值

» 研究表明，用户保有率增加 5%，利润将增加 25% 到 100%

» 同时，用户对公司的价值也将提升 25% 到 100%

» 作家弗雷德·赖克哈尔德提出建立用户忠诚度的六点计划

①实现双赢

②精挑细选

③避繁就简

④论功行赏

⑤认真倾听，直言不讳

⑥言行如一

h. “独特的销售主张”（usp）

» 利用销售技巧使自己的突出特点与众不同，以此向潜在用户展现更多价值

i. “持续竞争优势”

» 这是管理行业中热议的话题，旨在创造竞争对手无法复制的不同之处，使你的公司具备某种在一段时间内或某个产品周期内的持续优势

j. “应时应景、无法抗拒的优势”（CCA）

» 应对挑战、脱颖而出的新方法

» 要想发展与用户的关系，仅有竞争优势还不够，还要有令人无法抗拒的理由

» 模仿他人的成功经验无法创造用户必须与你做生意的理由

如何创造能使公司成功的 CCA 并确保用户忠诚度？

- **当你努力避免疏远用户时，你是否向忠诚用户证明了这一点：保有老用户的生意并且发展与老用户的关系才是公司的头等大事。**

第4章

脱节之四

用户真正需要什么：与众不同

企业提供了什么：大同小异

你开着租来的车，行驶在陌生城市的中央大街上。在寻找要下榻的酒店时，突然有种似曾相识的感觉。你觉得自己曾来过这里，即使你知道你并没有。

然后，你就明白自己为什么会产生这种感觉了：一切都是相似的。街上有麦当劳、温迪快餐、巴诺书店、百思买零售店，甚至也有美国银行、大通银行。

从某种意义上看，这是个好现象，像家一般让人感到温馨熟悉。

但是，这种现象也常常令人感觉乏味。这个镇和另一个镇没有差别，也像家一般让人熟悉得生腻。

在前文中，我们讨论了情感作为创造强大用户体验因素之一的重要作用。如果你游历过许多地方，我敢打赌上述这种感觉一定很熟悉。

艾里克·施洛瑟在其经典著作《快餐国家》中以几大快餐巨头为例，描述了美国国内的同质化现象。

一方面，州际公路系统使美国更具流动性且更依赖于汽车出行，快餐公司所做的一切都在随着人口中心的迁移而发展。但是，另一方面，快餐又是不断改变文化的重要组成部分。

先前，因为各个城镇涉及的业务不尽相同，每个地区各自有明显的差异。但是，当你们镇上的每一家餐厅都和我们的一样时，我们的城镇就具有相当大的可比性了。

但是，相似有时会带来安全感。许多商家对于它们提供的产品或服务是“普通商品”的事实感到欣慰。

换言之，它们所做的生意就像乔舒亚·肯农在《初学者投资指南》（*Investing for Beginners*）一书中所说的：

> （普通商品）与小麦或玉米极为相似，它们主要是以价格为基础进行竞争。你不会特意去超市购买农夫乔的小麦制成的面包。

当你把自己的产品视作普通商品，你在本质上也就试图逃避打造独特商品的挑战。

但是，我们发现有些企业找到了避免商品普通化的方法。它们找到一条路径，走出只能提供平淡无奇的产品或服务的迷宫。

例如，金钱无疑是一种商品。价值一美元的一美元纸币是一美元的商品，对吗？

其实，并非如此。对多数商家而言，如何获得、投资、花费、管理这一美元是极为重要的。

比如住房抵押贷款。假设，贷款额是50万美元。这笔购房贷款无论你从哪个机构借贷都是一样的。

从最基本的层次看，钱成了一种商品。但是，贷款经纪人和银行有办法能够让50万美元及其他有关款项变得与众不同。因此，你会选择他们，而不是他们的竞争者。

我曾与Stonegate Mortgage（一家抵押贷款服务机构）就这一问

题在全公司范围内的会议上进行了广泛的讨论，也与其充满活力的创始人兼 CEO 吉姆·库蒂罗私下进行了交谈。在库蒂罗的领导下，Stonegate Mortgage 是一家正在努力打造独特卖点的公司。

几年前，《抵押银行家》(*Mortgage Banker*) 杂志在与焦点小组座谈后发表报告称，70%~80% 的借贷者在议价时就已经开始选择借贷方了。

若没有服务和创新的用户体验带来的独特之处，整个抵押过程就像是用户举行了一场拍卖。唯一能解决这个问题的方法只有 Stonegate Mortgage 所采用的关键措施：明白出借购房抵押款不仅仅和钱有关这个道理。再强调一下，我的确认为这是唯一的方法。

抵押经纪人和银行可以通过把关注点从产品及价格上转移到打造独特性上，从而找到一种超越普通商品的方式——而这才是用户真正想要的。

正如我在前文所说的，那些选择销售与他人大同小异的商品的公司只会淡淡地说它们既没有欲望将产品打造得与众不同，也不想了解如何将产品打造得不同凡响。

各行各业都有公司用创新方法让老产品大放光芒、大获成功的例子。最明显的例子就是星巴克。喝咖啡不是什么新颖的事，但是星巴克却让其产品——咖啡——脱颖而出。

使依云集团一枝独秀的产品是最基础的物质——水！甚至到如今，饮品市场巨头百事公司与可口可乐公司仍在努力打造一种独特的饮用水品牌（前者销售阿夸菲纳瓶装水，后者销售达萨尼瓶装水）。就在几天前，我不知不觉来到一家便利店的冰柜前，精挑细选我喜欢的饮用水品牌！但愿我不至于沦落到在街角的饮水器里掬一口水喝，我想要我最喜爱的牌子！

如果你能找到一种可以使一杯咖啡或一杯水变得与众不同的策略，你就能为自己的产品或服务带来独特性，无论你的公司规模是小是大。

“这有什么意义呢？”也许你会这样问，“我们的竞争靠的是价格。你是如何使你的产品与众不同的呢？”

- **“我不得不问一句：为什么会有公司选择作为普通商品参与竞争？”**

这些公司通常都有以下三个特点：

a. 开销巨大（与产量相比较）

b. 利润率低

c. 竞争激烈

为什么会这样？

但是，许多公司一直深陷普通商品的泥潭之中。很明显，它们日复一日都是如此。（公司，甚至人，都是会受到习惯的影响。）

有特色的公司会打破桎梏，通过提供用户真正想要的东西，打造不同凡响的产品或服务，进而取得成功。

你不必提供一种普通商品！

没有人要求公司一定只能销售普通商品。依云、星巴克以及Stonegate Mortgage都向我们证实了这一点。无论是通过决策、传统还是采取以静制动的方式，许多公司都已选择在商品上下功夫。

我明白从某种程度来看，各行各业的趋势都是向着商品化发展的。不管你信不信，甚至是我所处的服务业——职业演说行业——也是这种情况。

1972 年，传奇励志演说家卡维特·罗伯特提出职业演说家应当能相互交流并制定一套行业标准。他叫上几个朋友开了场会，这便是美国演说家协会（NSA，National Speakers Association）的缘起。当时，公司或协会会议专业演说这一行业还处在起步阶段。

无论是在舞台上还是在日常生活中，卡维特·罗伯特都是一个与众不同的人。由于他的个人魅力，1976 年第一届演说家协会全国大会吸引了 189 位演说家参会。

在首场会议上，卡维特·罗伯特在这样一群人面前发表了演讲。试想一下，在一大批职业演说家面前演讲是一种什么样的感受？卡维特告诉台下的听众，他希望创建一个组织，与专业演说家一道提升自己的演说水平，交换意见，分享经验。

他认为，每个业内人士各自的业务都会通过职业演说家的数量与质量的增加而得到发展。他称之为“把蛋糕做大”。并且“蛋糕做大”原理在接下来的 25 年里一直引导着这个行业及其同业协会。

随着美国演说家协会规模的不断扩大，也随着其所在行业的不断发展与成熟（很大程度归功于该协会做出的努力），出现了一种颇有意思的趋势：突然之间，蛋糕的扩大不如以前那么快了，而且出现了很多瓜分蛋糕的人。

1981 年，那是我第一次发自荐邮件。我向 100 位潜在用户推荐我的演讲服务，我收到了 92 封回复！几乎每个人的反应都是，“哇，我们之前从未收到过职业演说家的自荐信”。现在，会议策划方每天都会从国内成千上万名职业演说家那里收到一两封自荐信。

你大概能想到，像职业演说这样紧俏的行业也开始出现其他行业在达到成熟和商品化时会出现的状况。由于供给（演说者）过多，买方（会议策划方）在未看到重要差异时，也开始关注价格以及处理速度。

定价压力首次成为该行业的重要体验。会议策划方经常表示，他们选择会议演讲人的差价只在 50 美元至 100 美元！

原本这一行业的标准交付周期（预定演讲的日期与正式演讲的时间间隔）至少有 6 个月，而我们现在发现，用户为了自身方便，有时交付周期竟缩短到了不足 6 周！

十年前，当我第一次写下这段话时，我还颇为震惊。现如今，我甚至遇到有人提前 6 天预订发言人，而且那还是个大项目！这是一个即时通信的时代，人人都希望能够获得实时的服务，当然也包括你下一场会议的主旨发言人！

我问会议策划人，是谁选定了由我来做这场面对 1 000 名观众的演讲？为什么在会前 6 天才确定演讲者？她的回答让我不寒而栗："嗯，有一个上得了台面的人来开场就行了吧。"她看不出此演讲者与彼演讲者有何差别。

演讲者因而成了一种普通商品。

我的猜测是，卡维特·罗伯特从未想过竟然会有这么多人想要"瓜分"职业演讲这块"蛋糕"，也没想到这个行业会遇上如此大的变化。但是，它确确实实发生了。

名人演说家和畅销书作者生意兴隆，收费水涨船高，原因显而易见：他们与众不同，他们是品牌，而非普通商品。情况就是如此，尽管他们的产品（演讲）基本上与其他专职从业者一致，但其他人却面临利润急剧减少的危险。

- **每个行业都存在这样一种说法：如果你没有自己的特色，那么你仅仅只是普通商品。**

（事实上，正是由于有这样的挑战，我才开始研究企业如何才能形成自己的特色。哪怕只是一家以培训、专业演讲和咨询为主要业务的小公司也得有自己的特色。这也正是我的著作《创造差异》一书的缘起。从那时起，那本著作也成了我工作的基石，并且改变了我的事业和生活。）

上述这句话为什么正确呢？在任何一个行业，越有特色的企业获得的利润越高，而且可以持续获利。唯一的原因一定是：**面对千篇一律的商品，用户一定更倾向于有特色的那一个！**

如果用户不想要，如果用户不是更为青睐某种产品或服务，他们是不情愿多掏钱的！哪怕有特色的产品或服务不如常规产品或服务方便，用户仍然会不遗余力，想方设法四处搜寻。

我们已经讨论过，在某些领域，“差异化”对企业而言是行之有效的。本章将着重讨论其影响。另外，有鉴于“差异化”是所有企业，尤其是常规企业的关键因素，所以本章也推荐了一些差异化策略。

大宗商品公司之关键

首先，让我们来审视一下一个基本的商业概念吧：何为商品？或许在重新审视“何为商品”的过程中，我们有可能避免沦为商品或停留在商品的层面上。专家指出，商品有三个要素：

a. 价格

b. 质量

c. 服务

价格

你的公司提供的产品或服务是不是行业的绝对最低价？你的公司是不是用户所能发现的最低定价的供应商？

若是，我现在就能提出一个策略，然后在市场上击败你的公司。我只要把价格降到你的公司之下就可以击垮你。

别误解我的意思。我并不是说用户完全不在意你公司的价格策略。我不相信用户在选购你公司的产品或服务时从来不考虑价格。但是，同时我也相信，大多数企业把价格当成用户选择其产品和服务的主要原因。其实，用户真正想要的往往并不只是价格。

有证据表明，这种现象越来越普遍。在本书初版中，我曾经和读者讨论过这样一个问题，即在沃尔玛位列财富 500 强企业之首的时代，人们很容易产生误解，并过分强调价格的重要性。

十年之后，情况已经完全不同。当然，沃尔玛依然位列财富 500 强榜首，但是排名第五的是苹果公司。我想没有一个人会认为苹果公司能取得如此辉煌的成就靠的也是低价格吧？

另外，虽然苹果并未跃居财富 500 强首位，但是其市值名列第一，或许这一排名更为重要。在我写这段文字的时候，苹果公司的总市值高达 6 725 亿美元（股票单价乘以已发行股票的数量即为公司总市值）。排在第二位的是埃克森美孚，市值约 4 050 亿美元。

如果说，对于用户而言价格是最关键的因素，那么像苹果公司这样的企业根本不可能取得如此非凡的成就，更遑论宝马、费尔蒙酒店等企业了。

而且，这只不过是其中的部分原因，全部的事实真相要远远超乎你的想象。或许，分析沃尔玛为何能取得成功的最佳途径不是去分析沃尔玛本身，而是对其竞争对手进行分析。我脑海里一下子闪现出沃尔玛的两个劲敌：凯马特和塔吉特超市。

塔吉特超市之所以能取得成功，部分原因是它拒绝商品思维，拒绝和沃尔玛一样打价格战。塔吉特超市选择了一条不同的道路，一跃成为沃尔玛的强劲对手。

但是，最具有说服力的例子还是凯马特。

根本问题在于：如果价格至关重要，那么为什么沃尔玛会成为财富 500 强之首，而凯马特却濒临破产，甚至险些销声匿迹？是因为这两家企业的商品定价差别很大，完全处于不同的价格区间，以至顾客只能选择沃尔玛吗？

显然不是。同样的商品，两家超市的定价差别甚微。然而顾客却以自己的实际行动和钱包把票投给了沃尔玛，他们之所以选择沃尔玛，仅仅是因为它不是凯马特（需要注意的是，在大多数社区，开得最早的都是凯马特）。

用户希望在精心布置、灯光明亮的商店里购物；也享受在进店时有“迎宾人员”对他们笑脸相迎。两家商店的价格是如此相似，但购物者决定将自己辛苦赚来的钱花在可以享受到优质用户体验的地方。我并不是在说沃尔玛总体提供了“优质的体验”！相反，我认为相对于在凯马特购物而言，我们有许多理由认为在沃尔玛购物是一种更为优质的体验。

没有一家公司会把提供市场最低价作为其走向成功的长期战略。价格很少会成为公司取得长远成功的最佳手段。

你不信吗？我们不妨来看一看商业史：稍微年长一些的读者也许会记得，索尼公司的产品价格曾经也很低廉。在当时的历史条件下，如果一种产品被贴上了“日本制造”的标签，就意味着这种产品价格较低，生产成本也较为低廉。

渐渐地，索尼公司意识到最低价并非长远之计。如今，索尼的许多产品线已经跻身最高价的行列，如高清电视显示器和电子游戏等产品，但索尼依然取得了巨大成功。

艾伦·罗尔在《企业家》（*Entrepreneur*）一书中写道：“千万别试图用低价吸引用户。事实上，市场的价格敏感度远比你想象的低得多。市场上什么样的价格都有。你能相信有人会花 5 万美元买一只手表，花 3 美元买一瓶水，花几百美元买职业摔跤比赛的门票吗？用户只要认为物有所值或有利可图，就愿意买任何东西。价格不是由市场决定的，而是由营销人员决定的！那么你的独特之处在哪呢？”

以下这段话也许言之过重，但我觉得说得很有道理：

- **很多大宗商品公司必须为价格“领导者”，因为它们既没有足够的创意来增加产品或服务的附加值，而且也不够关注用户，不能为用户提供他们真正想要的那种体验。**

有趣的是，我在一次演讲中做出这个论断时，心存疑虑的都是那些一心只想把产品当作普通商品、打价格战的人，而从价格领导者转向关注用户真正所需的那些人从来都不质疑我的主张。

如果你只愿意把产品当作普通商品且选择走低价路线，那么你将陷入困境。

质量

一直以来人们都以为，如果企业想从心理和方法上摆脱“唯价格独尊”的标签，公司必须提升产品和服务的质量，使之超越只知道买卖商品的商家的标准。

质量是关键，但质量也是主观的。而且，就连“主观”这一概念也无法真正描述用户在做什么。

如果我认为用户在选择交易对象时，仅仅因为对我所提供的产品的质量做了一个主观判断，那么，我们又陷入前面章节提到的过分关注产品的陷阱里了。

举个例子，假设你在一个中型城镇运营三家干洗店，你有一个竞争对手把为办公室职员清洗西装衬衫看作商品买卖，所以该竞争对手将清洗单件西装衬衫的费用降到了 1.29 美元。

当然，作为一名职业商人，你很清楚价格并非唯一的答案，因此你开始提升干洗服务的质量，所以你的定价是 1.99 美元。但是，为了将你的干洗水平提高到一个更高的标准，你还做了额外的工作。比如，你在衣架上垫上纸巾以防衣架在衣服上留下印迹；在法式双袖口衬衫的袖口夹上塑料袖扣，以保持袖口清晰的折痕。然而你的竞争对手并没有为用户提供这些服务，因为他们需要通过节省成本来降低价格。

这种质量上的提升正是我们前文提及的特色，对吧？我想答案是肯定的。

你的员工有多友好？质量提升了，你是如何宣传的？

你不仅为用户提供更高品质的干洗服务，而且为用户提供了一种大幅提升的体验。这种体验不仅让你的用户无法抗拒，而且显然优于只有“商品意识”的竞争者。

如果负责接待用户的是一位未经良好培训、磨磨蹭蹭的员工，让用户花很多时间排队等候，就算你的干洗服务质量再高，其价值也会大打折扣的。

我有一位最好的朋友叫马克·梅菲尔德，他是一位来自肯萨斯市的作家。有一回，他要去外地做演讲。在驱车前往机场的途中，他顺道去了干洗店，想要取回前一天送洗的衬衫。因为马克只需要在做演讲的地方住一夜，所以他并没有多带衬衫，而是打算在去机场的路上直接到干洗店取回送洗的衬衫，然后带走并在演讲时穿。

马克在干洗店等了一会儿，那家小干洗店的老板或经理拿出了马克送洗的衬衫。接着，马克回到停车场，打开后备厢，褪去塑料包装袋，准备将取回的衬衫放进行李袋中。令他感到十分惊讶而又愤怒的是衬衫上竟然有两道巨大的口子，根本不能穿！

马克三步并作两步冲回了干洗店，怒气冲冲地指着衬衫对干洗店老板说：“这是什么？我现在要赶去机场，但是我现在没有可以换的衬衫了！真是糟透了！你要怎么处理这件事？”

老板检查了衬衫，摇了摇头说：“实在抱歉，我知道是谁干的，我会负责的。”

“怎么负责？！你打算怎么处理这件事？”马克追问。

老板回应道：“嗯，我确实知道是谁的失误。我准备把她揪出来，枪毙了。”

马克回忆说，当时老板全程都没有笑过，他停顿了一下，继续说：“是我母亲的失误。我的意思是，我会想我母亲的，但我真的无法忍受这样的服务质量。”

就在那时，马克突然笑了出来，干洗店老板也笑了。

他们面对面站着，马克突然意识到，那只不过是一件衬衫，但干洗店老板提供了良好的体验，而体验并未结束。老板对马克说：“请在这里写下今晚您下榻的酒店地址，我会把一切打理妥当的。”

当马克到了芝加哥的酒店房间后，映入他眼帘的不仅是一小盘水果和乳酪，还有一件合身的新的白衬衫，干洗店老板还附上了一张纸条，上面写着：“谢谢您的惠顾，对我来说意义非凡。”

猜猜看从那时起一直到现在，马克·梅菲尔德的每一件衣服都是在哪儿洗的？你觉得他会认为天底下所有干洗店都“一模一样”吗？

马克的例子可以证明，如果你能花心思提升你和用户之间的关系，通过提高产品和服务的质量，你可以将生意做到更大更高的层次。如果我知道提升产品和服务的质量至关重要，那么我需要做的事其实就是着手将纸巾垫在衣架上。马克·梅菲尔德的例子告诉我们：在提升的过程中，我们可以做的事还有很多。

- **如果你只是将质量的定义局限在产品质量这个层面上，那么你就不会知道用户真正想要的是什么。不仅如此，你还会渐渐走向商品化。**

从产品的角度来看，捷蓝航空公司提供的交通服务质量比西南航空更高吗？我想，这取决于你是想坐空客还是737吧？你是偏爱穿着卡其布短裤的航空服务人员给你讲笑话，给你带来一段美好时光呢？还是更愿意独自看着电视？这完全取决于你的偏好。

竞争对手都明白，用户会将你的产品质量与服务质量相融合，并专注于整体体验的质量。

服务

或许你已经总结出来了，关键在于服务的差异化，这也是服务的三大标准中企业最能有所突破，同时避免掉入商品陷阱的一个方面。

（当然也有例外，苹果公司就以其产品 iPod、iPhone 和 iPad 证明了这一点。然而，苹果公司纯属例外，并非常规。）

诚如上文所言，仅凭“服务”是无法在当今的市场上立足的。

数不胜数的教科书和商业畅销书中使用的“服务”的定义是不够充分的。这是我们之前提到的用户互动的三个层级中的第二层级。

只有在第三层级你才能表现出与众不同，它是行之有效的，而且其体验也会让用户觉得与众不同。

吉姆·柯林斯的畅销书《从优秀到卓越》中有一句话很经典：“优秀”是“卓越”的敌人。如果什么都一样，那该多无聊啊！

告别百无聊赖的日常

由于这种现象的存在，用户对一切的一切都形成一种倦怠感。

我们要面对这种现象，因为现在的用户比以前难伺候多了。

几年前，《女装日报》上发表了一篇名为“百无聊赖”的文章。文章提出这样一个问题：“谁应该为百无聊赖的日常生活负责？是胆小的设计师，还是因为害怕冒巨大风险而固守底线的零售商？”

卡尔·鲁坦斯汀生前曾任布卢明代尔百货公司时装业务高级副总裁，《纽约时报》在其讣告中称其为“保持布卢明代尔百货公司别致风格的人”。他在接受《女装日报》采访时说：

> 人们想当然地认为时装和优秀零售各占一端。在布卢明代尔百货，时装是推动业务发展的原因。很幸运的是我们拥有一批渴望获得兴奋感的用户。我们的用户虽说谈不上每天光顾我们的百货公司，但至少每周都会来看看新品。这就是她们想要的，而非一定要买新换旧。一旦我们的库存只有日常服装，那么我们的生意就受到冲击。如果商场里的服装都是“安全款”，我们会感到十分失望，因为这类服装往往给人特别乏味的感觉，而客人一旦感到乏味就不会购买了，尤其按现如今服装的标价。

然而，大多数的公司走的不都是安全路线吗？

而那些让人感觉乏味的产品或服务，不正是以这所谓的安全为基础的吗？

我相信大多数公司从未真正理解鲁坦斯汀先生所说的话：安全意味着乏味，而乏味是不会带来经济效益的。

我的朋友兰迪·盖奇是一位作家，同时也是思想领袖。他近期出版的一本书就是用这一观点作为标题的。在书中，他论证了对于所有商界人士而言，“冒险即新的安全路线！”

我们一起来看下面这三个问题。你若想打破“乏味”，不妨问一问自己以下这些问题：

（1）与我们做生意和与我们的竞争对手做生意在体验上有何不同？

（2）有什么项目可以防止员工感到倦怠？

（3）怎样实现体验多样性，以防止用户产生“忠诚度疲劳”？

与我们做生意和与我们的竞争对手做生意在体验上有何不同？

（1）和你的公司做生意是种什么样的体验？

（2）如果用户选择了你的竞争对手，那会怎样？

（3）你们提供的体验有何不同？

（4）若无不同，用户为什么不和你做生意呢？

如果你回答不了这些重要的问题，那么你需要“侦察一番”，挖掘一些重要的信息。

信不信由你，但确实有一个神秘用户检测协会（Mystery Shopping Providers Association，简称 MSPA）。它宣称，该协会“是致力于通过匿名方式提升服务质量的最大的专业贸易协会”。

MSPA 甚至还有一个神秘用户检测协会“名人堂”，以及一个神秘用户检测认证项目。它还通过举办会议，传授正规的神秘检测技能。

MSPA 的第一任会长马克·米切尔森在一次演讲中提道：“神秘购物是让受过训练的用户以匿名的形式对用户服务、运营、员工诚信、商品销售和产品质量进行匿名评估。”

他甚至还暗示说，在全球范围内，企业每年花费15亿美元用于神秘检测。

这里我给你提三个问题：

（1）你是否做过“神秘检测”？

（2）你知道你的公司和竞争对手为用户提供的体验有何差异吗？

（3）如果你连竞争对手提供的用户体验都不知道，那你怎么能确定你的公司提供的用户体验是独一无二的？

- **记住一点：“独特性”是至关重要的！**

你可以选择采取详细而科学的方法（例如MSPA建议的“神秘检测”），也可以只是自行收集信息。关键是你得采取实际行动！

无论你开的是干洗店，还是大型连锁酒店，你最好要知道竞争对手为用户提供了什么样的体验，而且这些体验与你的公司提供的体验有何不同。

（另外，请不要忘了：你的公司与竞争对手的用户很可能是同一拨人！除非你已经拥有前文提及的“狂热用户”。）

无论你选择何种方法，你都必须足够了解你可能用来“调整”方法的策略。因为你希望借此为用户提供一种卓越且特别的用户体验。

可以肯定的是，捷蓝航空公司不仅知道，而且十分了解西南航空公司所提供的用户体验。我希望香啡缤（一家咖啡餐饮连锁企业）也能够了解它与星巴克提供的用户服务有何差别。

- **把你的公司和竞争对手提供的用户体验的区别一一罗列出来。**

- **接着，想办法找出导致你和竞争对手市场策略不同的因素。**

差异虽小，但意义重大！请回顾一下上文提及的沃尔玛和凯马特的例子，特别要考虑一下沃尔玛店前迎宾人员在沃尔玛的成功中所起的作用。

- **如何防止员工感到倦怠？**

员工是将企业的用户体验传递给用户的纽带。

- **底线：员工一旦百无聊赖，用户也会感到百无聊赖。**

你我都有在商店购物的经历，其中员工展现给我们的企业座右铭一定是："你不开心我们也会不开心！"

无论何种行业，无论什么工种，总有一些消极倦怠的员工会把用户拱手送给他人。他们对用户完全不上心，也正是因为有这样的员工，用户和潜在用户才会流失。

你不妨问一问自己以及你所在的公司一个问题：我们是否有一些项目和战略，来确保我们的员工、同事觉得自己是和公司休戚与共的？要防止用户与商家脱节，我们首先要把与员工脱节的可能性排除在外。

美国盖洛普咨询公司对员工的敬业程度进行了一项十分精彩的研究。它通过以下三个关键因素对员工情感参与的重要性做了总结。

无论是个人还是团队中的一员，能够将其自然天赋运用于工作的员工，其生产积极性，要远远高于一般员工。

用户能够感受到员工对他们的用心，同时会欣然回应。

这种情绪驱动的反应拉近了双方的距离，这也是可持续发展与营利性的关键动因。

这引出一个问题：你是否将员工都放在了恰当的位置上？这样，他们可以发挥自身的天赋，而且你也可以以积极的方式利用其天赋。盖洛普咨询公司称：只有 20% 的员工说自己的工作给他们带来了充分发挥其特长的机会。

假设你将员工安排在他们最适合的位置上，他们就可以在工作中发挥自身天赋为公司效力。那么，这位员工是否清楚地知道公司对自己的期望呢？

我从印第安纳州富兰克林学院毕业后，曾留校担任公共事务及年度基金会主任。那时我身兼二职，担任学院公共关系发言人，同时也负责为学院筹集资金。

此前，我已经有过全职销售、电台主播、家庭零售铺店员的工作经验。不过，那依然是我第一次接触“职责描述”这个概念。

这份“职责描述”列出了该职位的所有职责，以及似乎无所不包的各种任务。

但是，最令我担心的是“职责描述”的最后一点：“以及，上级分配的各种职责和任务。”

在我的这份工作差不多干到头的时候，除了筹集资金和处理公共关系之外，我还把大量的时间花在了“各种职责”上。那时我常常发现自己陷入困境。

我很清楚某些是我应该完成的任务，比如提升学院的公关能力、筹集资金等。然而，对于其他很多事情，我却并不明确。正是因为这个最重要的原因，所以几年之后，我辞去了那份工作，尽管我在资金筹措方面取得了成功。

盖洛普咨询公司的研究表明，对于“我清楚人们对我在工作上有何期待”这样简单的一个问题，差不多60%的员工选择了“不十分认同”。

从我个人的经验来看，如果员工不清楚公司对自己的期望，他们就难以吸引用户为你工作。

“规划你的事业”国际管理咨询公司CEO格雷格·史密斯曾经说过：“在这个瞬息万变的世界，收集员工的想法并让他们参与其中是非常关键的。如果你想让公司具有竞争力，那么你不能让员工只是出力，你还必须了解公司每位员工的想法。”

缺乏想象力的公司虽然设置了“意见箱”，还配备有“反馈程序”，但他们却从未将收集来的概念转化为行动！请记住一句格言：“得到奖赏的行为会重复发生。”如果你对收集来的意见不闻不问，猜猜结果会怎样？你就再也收集不到意见了！

研究员布鲁斯·福博士发现这样一个令人惊讶的事实：如果公司不愿意将员工的意见付诸实践，那么企业收集员工意见这一行为是弊大于利的。

结果就是员工认为公司根本不关心其意见和建议，公司仅仅是问问而已，因为这是他们分内之事。

另外，公司努力提高员工的参与度，不仅有利于增加用户数量，也提升了公司的底线。

怡安咨询公司对一家拥有1万名员工的服务公司进行了员工忠诚度研究。该公司采纳了怡安公司提出的减少员工流失率及提高生产力的建议并采取了一系列措施，结果该公司的用户投诉量有所减少。研究发现，该服务公司不仅生产力连续四年均有提升，而且每年的员工流失率也下降了 11.3%，每年为该公司节省了 1 130 万美元。员工的忠诚度是至关重要的。当然，提升员工忠诚度的具体方法也取决于你公司的具体业务。

现在对于你来说有一点很关键，即你在保持员工参与度方面所下的功夫，你需要对其进行评估，因为究竟是吸引用户，还是让用户感到乏味，靠的全是他们。伟大的商业哲学家 W. C. 菲尔茨说过："记住，顺流而下连死鱼都会，但想逆流而上必须是条活鱼。"

- **怎样实现体验多样性，以防止用户产生"忠诚度疲劳"？**

什么是"忠诚度疲劳"？

你希望培养用户对你企业的忠诚度，而用户对你的企业却是越来越冷漠。

例如，许多公司推出忠诚用户积分卡。然而，英国《卫报》的一项调查表明，令人惊讶的是竟然有 25% 的持卡人并没有使用他们的积分！这项研究表明，在英国，有价值 4.13 亿英镑的积分还未被兑换。

我是个飞行常客，我经常开玩笑说我在寻找一家可以让我用 4 万积分兑换为待在家里的航空公司。

国际营销合作伙伴总监阿莉森·斯图尔特 - 艾伦对忠诚计划目前所提供的优惠感到失望，接着她发现了忠诚度疲劳的迹象。

斯图尔特 - 艾伦说：根据此前提到过的那份报告，如果她经常光顾的那家超市能够教她如何削减每周购物开销的方式，或在她购物之后给她端上一杯热腾腾的咖啡，她会更加印象深刻。

我的结论是：20 多年前推出的某份忠诚度计划取得了初步成功，也为人们带来一种认知，但在如今的市场上，这种认知未必是准确的。

1981 年 5 月，美国航空公司推出“优越常客计划”。其实它沿袭的是由来已久的、类似于香烟券和代金券的做法。其背后的依据是：通过给用户提供奖励来留住用户。正如你所知，会员所获得的相当一部分飞行常客奖励一般包括：

a. 你经常乘坐的航空公司的免费机票

或者

b. 升舱：购票后可以为你升级到头等舱

这就告诉了大家一个道理：奖励用户，创建用户忠诚度最好的方式是为他们提供免费的东西，这种东西应该是你的公司正在销售的，作为其与你做生意的奖励。

现在，仅在旅游行业就有 70 多个飞行常客计划，涉及航空公司、酒店以及租车公司等——它们都随大溜，相继模仿行业领袖的做法。而且，这还不包括信用卡公司提供的数不胜数的项目！

似乎没有一家公司曾考虑过斯图尔特 - 艾伦这样的模范用户的想法。值得注意的是：她并不想要免费的生活用品！她认为以下这三样基本的东西才是奖励：

a. 教育

b. 信息

c. 关系的建立

换句话说，多一点儿创新，多一点儿多样性，好吗？这对于许多公司而言似乎要求过高了。因为如果一家航空公司提供了一种特别的服务，那么所有的竞争对手一定会效仿。

关键在于：作为用户，在与你的公司进行第一种层级的互动时，我们希望你们会保持一致性。然而，我们不希望你们公司一成不变，以至当我们进入第三层级时，让我们倍感无聊！

对于企业而言，这并非易事：一方面，在与用户进行某个层次的互动时，需要强调一致性；另一方面，在提供用户体验时，你又要打破这种一致性。

达特茅斯大学塔克商学院在一份报告中提道：

> 从用户满意度转变为用户忠诚度是至关重要的，也是和用户情感紧密相连的。服务可以成为创造出色的用户体验的关键，而出色的用户体验可以满足隐性需求，提供整体解决方案而不仅是创造出一种产品，而且还能产生积极的用户情绪。

- **我们对情感参与进行研究时很快就发现，如果相同的体验不断重复，那么用户对这种体验的好感度会降低，会渐渐与之疏远。**

缺乏永葆用户体验新鲜度的策略就好比播下了丢失用户的种子。

以下有六个问题，或许对你会有启迪、思考作用。

（1）和一年前你的公司提供的用户体验相比，现有的用户体验有何不同？

（2）用户体验中有多少互动？（互动程度越高，体验的多样性越高。）

（3）和一年前相比，相似度有多高？商店、物料、网站？

（4）你是否在每个地方都为用户提供了易于获得的“最新动态”呢？

（5）每个月是否都有不同的“限时特惠”呢？

（6）你是否通过特殊的营销方式和/或电子邮件，将公司的新做法和特惠信息传递给用户了呢？

差异化战略

若要制定一种兼具吸引力和独特性的战略，那么必须从分析现状开始。

接下来，作为一个有着多年新闻播报经验的人，我觉得最好的问题莫过于一些小问题：何人？何事？何时？何处？何由？如何？所有初出茅庐的记者都学过这几个词。

下面这一系列问题能够帮助你制定差异化战略。

a. 你的用户究竟是**何人**？

» 你的公司是由谁负责与用户交谈的？

» 你希望由谁来和用户进行沟通？

» 除了你的公司之外还有谁影响着你的用户？

» 当用户使用你公司的产品和享受服务时，他们和谁在一起？

b. 用户**如何**使用你公司的产品或如何体验服务的？

» 用户想要达到什么样的效果？

» 用户与你的公司做生意有何体验？

» 用户还有其他何种方式可使用你公司的产品和服务？

» 用户会因何更换供应商——无论是弃你而去，还是投入你公司的怀抱？

c. 用户**何时**决定购买你公司的产品或服务？

» 用户何时使用你公司的产品或服务？

» 用户何时会成为回头客？

我曾经给罗杰斯仪器公司及其教会风琴部提出一个方案。教堂从该公司购买产品后，得隔 30 到 50 年才会再次购买。（这和可口可乐大不相同，它的“旺季”是何时？）

d. 用户在**何处**使用你公司的产品或服务？

» 用户希望在何处使用你公司的产品或服务？

» 你的公司是否有办法把购买地变为使用地，为用户提供便利呢？

（今天早上，艾伯森将生活用品送到我们家门口——今天是星期天，我们正准备出门做礼拜！由于艾伯森把购买地变成了使用地，于是我们放弃了其他超市，转向了艾伯森。在未来 10 年内，这对一家公司的发展意味着什么呢？）

» 用户还会在其他哪些地方使用你公司的产品或服务呢？

e. 首先，用户**为何**需要你的公司呢？

» 用户为何选择了你的公司而不选择你的竞争对手呢？

» 为何有些用户选择了别的公司？

» 用户为何要更换供应商？

» 你为何没能赢得这些用户？

» 他们为何会花更多时间和更多金钱与你做生意？

f. 用户**如何**使用你公司的产品或服务？

» 你是否可以很好地处理用户的问题和挑战？

» 另外，你的公司是如何整合防错和精益生产的？

» 换言之，第一个层次的应对工作进行得如何？

（记住，第一个层次都做不好，你是不能带着用户走向更高层次的。）

» 你公司的产品或服务的资金来自何处？

» 你公司是否能够很好地处理用户和员工关心的问题？

» 你公司的反应速度有多快？

- **现在，关键在于：为了制定差异化战略，请仔细理解每个问题的答案，因为每个答案都对创设差异化有所贡献，同时也可以缓解因为“千篇一律”而导致的用户流失。**

如果你真的想有所收获，以下是四个具体的步骤，或许会对你有所帮助。

（1）连续六周只安排短会。

（2）每周都要求你的同事和员工回答“何人，何事，何时，何处，何由，如何”等问题。

（3）逼迫他们在反应时有所创新。

（4）将注意力集中在这些方面，并将其视为制定差异化战略的点子金矿。

另外值得注意的是，这一举措对于大企业的部门或团队是行之有效的。然而，也许最能体现这一举措作用的场合是在小公司，因为小公司没有雄厚的资金。所以，它们急需点子和创新的力量。

例如，在提出“我们的用户是谁？”这个问题之后，汽车售后市场滤清器行业开始积极地寻找答案，它们惊讶地发现：由于自己动手更换滤清器的人越来越多，滤清器的生意有所下滑。

有些公司随后寻求差异化，然后改变了业务，提供诸如专业安装等额外服务，并从专注于商品（油过滤器）转向一个有增值的、吸引人的经营模式。

但是请注意，这些汽车用品商店并没有跳出固有的思维模式，它们虽然采取了具体行动，但这不足以向用户传递特色——你必须做有特色的事！

一家名为持久价值营销的健康管理咨询公司的斯科特·麦克斯特拉维奇医生曾经在《医疗战略管理》（*Health Care Strategic Management*）上发表过一篇文章，他指出："卫生保健组织（Health care organizations, HCO's）不仅会刻意区别于竞争对手，而且会刻意改变自己的行为，力求避免一成不变。"他还说：

> 在获奖年鉴中，29% 的获奖广告主要或完全集中在消费者可以期待的 HCO 活动和体验上。比如，人们提及的具体经验包括："我们带着微笑欢迎您的到来；我们亲自和你讨论病人的需求；在您进行乳房 X 光体检时赠送一次免费的按摩"，或"您只要稍事等待，即可获得测试结果，体检过程只是微痛甚至无痛"。在这个与众不同的差异化定位过程中，HCO 必须认识到作为个体或群体的不同消费者，同样的体验可能会给他们带来不同的感受。有些用户可能要求及时、高效的服务；有些用户也许不同，如果以友好、关爱的态度对待他们，他们甚至愿意花时间等候。对于特定情况下的个体消费者来说，能够达到他们理想

> 标准的体验可能不尽相同。另外，在体验期间，消费者的理想标准也可能会发生改变，如孕妇要求自然分娩，但在经历分娩带来的巨大疼痛时，她们可能会改变想法。

麦克斯特拉维奇医生同时还提出这样一个关键的观点："当我们主张诸如热情友善、乐于助人，以及关爱、舒适或其他价值维度等主观特征时，HCO 必须努力确保有足够的资金支付设施费用和员工薪资。"

无论我们身处哪个行业，我们所有人都必须采取同样的办法：有多少钱做多少事，量力而行。

下一步就是 SWOT 了?

还有一种技巧可以让我们的企业做好准备，制定战略，可以让我们脱颖而出，这种技巧就是著名的"SWOT"方法或企业战略分析方法。

顺便提一下，这是美国版的"SWOT"方法。在英国，"SWOT"是指考前临时抱佛脚；如果说某人是一个"SWOT"，言下之意就相当于说他是个"愚人"。美国版的"SWOT"方法"源于战略规划领域的一个老术语"，《市场领导学》一书的共同作者弗雷德·威尔斯马如是说。

在你仔细回答了上述六个问题之后，请将目光投向 SWOT：

S：优势

W: 劣势

O: 机会

T : 威胁

SWOT 是一种集中策略，它可以让我们拨开迷雾，让我们关注到公司内部存在的主要问题。成百上千的大公司都在使用 SWOT ；其实每一个企业，无论规模大小，无论处于何种行业，都可以采取这一策略来强化其和用户的关系。

《计算机世界》(*Computerworld*) 杂志有一篇文章称，运用 SWOT 方法的意义在于：我们在实施某一战略之前，要对自己的企业及其方法了如指掌。

“制定战略的目的在于你在朝着某个方向前进之前，必须有非常清晰的认识。SWOT 分析的目的在于在一个计划落地就已经胸有成竹了。”加州大学伯克利分校营销与技术中心副主任拉希·格拉泽尔如是说。“清晰的战略才是行之有效的。模糊的战略是失败的战略。大多数战略之所以失败就是因为方向不明确。”

如果你已经成功地组织了六场“何人，何事，何时，何处，何由，如何”等问题的讨论会，那么你要组织一场 SWOT 的讨论会也很简单。连续讨论四周，每周小组只讨论 SWOT 中的一个要素。

这听起来或许过于简单，你要做的无非就是立起一张演示纸，或是站在一个大黑板面前，然后对你的团队侃侃而谈：“现在让我们分析一下我们所在的企业 / 部门 / 商店最迫切的优势 / 劣势 / 机会 / 威胁。”然后，你就奋笔疾书起来吧。

在讨论的过程中，你要么发现团队取得了一致的意见，要么觉得有必要组织一次重要的讨论，确定企业发展过程中的缓急轻重。

但是，请记住 SWOT 一定不是完美的。“它可以将大量的情境因素进行简化，使其易于处理，但是 SWOT 框架也有可能将环境因素过于简单化，将其环境因素列入不是特别适用的类别之中。”《新海峡时报》如是说。

“把某些因素分别列为优势或劣势，机会或威胁，看起来似乎过于随意。比如，一个公司的企业文化既可能是优点，也可能是缺点。技术革新既可能是威胁，也可能是机遇。”

但是，正如老话所言：“凡事预则立。”如果你对 SWOT 的不完美之处有足够的敏感，你就会采取措施避免这种不完美。

在《珠宝首饰杂志》(*Jewelers Circular Keystone*)的一篇文章中，赫达·舒帕克提到极佳的 SWOT 实例：

> 让我们想象一下 20 世纪初期的情景。当时，美国运输靠铁路。但是，铁路公司并没有意识到它们只不过是一个新的、成长中的、更大的实体——交通运输业——的一个部分而已。与此同时，法国爱马仕家族的一位祖先意识到汽车将取代马匹，成为一种交通工具。他建议家族企业实施多元化战略，不要把奢侈品皮马鞍作为唯一的业务，而应把家族企业定位于奢侈品旅行装备承接商。

他是否做过 SWOT 分析呢？正式意义上的 SWOT 分析很可能

没有做过。但是，他的心态是开放的，他看到社会变革会对其企业产生影响。今天，对于某些爱马仕包的等待时间有时会长达两到三年，但是你坐火车还是到不了美国很多地方。

综合而论

被《快公司》杂志誉为“世界上最著名的商学院教授”的迈克尔·波特指出：归根结底，企业的优势不外乎以下二者之一：成本优势；差异化。

波特指出，公司在运用其优势时，无论这个优势是大是小，一般会采用三种常见的策略：

a. 差异化

b. 成本领导

c. 专注

波特指出，为了实现长期的成功，在这三种常见的策略中，企业领导者只能选择其一。他也指出，如果企业领导者选择了不止一种策略，那么这个企业就像 Stealer 乐队的经典老歌《轮子》（Wheel）中所唱的一样，“夹在中间”，公司也无法实现其所向往的那种竞争优势。

波特是一位令人尊重的思想家，同时也是一个有许多原创思想的思想家，我当然不愿和他争执。但是，我的经历告诉我，有一些颇具原创性的公司能够而且确实实施了不止一种战略，甚至三种战略兼而有之。

那些独一无二的公司正是那些无与伦比的公司。它们利用我们此前讨论的那些方法，在商品的海洋里创造了一个与众不同的岛屿。它们试图确保用户能够得到他们真正想要的，而且它们能够以一种无法抗拒的方式为用户提供这种服务。

我们反复提及的西南航空公司专注于用户对于合理票价的需求。其成本遏制战略相对于同一行业中的其他竞争者而言，即使谈不上更好，也是不差的。我们已经得出这样一种结论，即相对于其竞争对手而言，西南航空公司的风格、产品和服务的风格和种类完全不同。如果我们把目光投向体育用品和服装业，你会发现耐克也是如此。

在其他行业中也是如此。你甚至可以在非常成功的地方企业和区域性企业中找到类似的例子。比如，有一家鞋店，它把成本压得很低，专注于自己所在的区域，提供一种个性化的、与众不同的、高质量的服务，从而它才有办法继续和“大卖场”零售商竞争。

当你把信息汇总在一起，试图制定具有内在一致的战略时，你可能会关注三种常见战略中的一种。波特称企业领导者是“权衡的监护者”。这说明，你根本不可能面面俱到。

与众不同的企业知道关注成本所能起到的作用。但是，它们不会一味地奉行成本削减原则，而不考虑其对用户和员工产生的影响。企业必须有所关注，否则的话，它们就无法实施企业所确立的那种与众不同的战略。

通过讨论上述六个问题，你对用户以及你与用户之间的关系有了自己的洞察力，再加上 SWOT 分析得出的信息。现在你的目标就是综合考虑这两种信息，制定你的战略。

如上文所述，显然，你的计划应该基于你所在的企业、用户的需要和你对自己选择的计划的执行力。而且，毋庸置疑，你的差异化战略不能和本行业的其他企业一样，都是以同样的东西为基础的。过去那不能称为差异化战略，难道现在就可以了吗？

在制定"通过差异化，密切用户关系"的战略的过程中，有三个基本点是需要你思考的。

（1）你的战略目标是形成竞争优势，方法就是通过产品和 / 或服务与用户建立某种关系，某种在用户看来是与众不同的关系。

（2）你的差异化战略是否有效是与竞争对手复制你的战略的难度成正比的。

（3）你的差异化战略应该明确你的用户认为至关重要的具体的领域，而且他们愿意为此买单。记住，不论差异化战略能赋予产品什么样的实际价值，你的用户只会把钱投在他们认为有价值的地方。

差异化战略的成功实施会使你的企业：

a. 获得更高的用户忠诚度

b. 从现有用户基础上提升口碑宣传者的数量和质量

c. 增加产品或服务的边际利润

d. 增加销售数量，同时增加单个用户销量

e. 给新的竞争者设置障碍

f. 降低用户对议价的兴趣，也削弱用户议价的能力

如果你的差异化产品或服务被认为是具有附加值的，而且是独一无二的，那么用户就不会有多大的干劲把你的产品或服务与竞争者相比了。

迈克尔 · 波特博士在接受《快公司》采访时谈到这一点。他说：

如果企业内部的人并不了解公司的差异化有何表现，那么这家公司如何能够创造一种胜过其竞争对手的价值呢？进一步说，它如何才可能做出所有它必须做出的选择呢？每个销售人员都应该对相关战略了如指掌。否则，到时他不知道应该向谁求助。每个工程师都应该了解这一战略，否则，他不知道应该建造什么。

- **你公司内部的每个人不仅要了解你的产品，而且要知道如何向用户讲述其在市场上的独一无二性！这是绝对必要的。**

另外，还存在四种潜在的挑战。

（1）对用户所认为的附加值存在误解，或理解不正确，或想当然。如果用户不珍视你的差异化特点，那么你所做的努力都可能被低价战略击垮。

（2）如果你不知道如何向用户讲述你的独特之处，用户对于你的差异化战略所带来的附加值就无法理解了。

（3）过分渲染。由于过于与众不同，成本过高，定价也过高，导致用户的抵制。

（4）看似与众不同，但是很容易被竞争者效仿，所以无法带来可持续的竞争优势。

- **商家千篇一律、平淡无奇的策略与用户追求的那种独一无二的体验之间存在脱节。你为了解决这一脱节问题所付出的努力应该值得你为此费时费力。**

你不妨这样思考（为了便于理解，我们还是继续借用前几章用到的谈恋爱的例子来说明这个问题）：

（1）如果每个男人都是一样的，那么你为什么偏偏选择了那个人作为你的丈夫或伴侣呢？

（2）如果每个女人都是一样的，为什么现在和你在一起的那位对你有着特殊意义的女人成了你的妻子呢？

（3）我的看法是你所爱的那个人身上肯定有某种东西、某种品格、某个特点、某个方面使他或她与众不同，使他或她和你所约会过的其他人都不同。

（4）恰恰因为这种独特性，我们许多人才会头脑一热，不顾一切地向爱进发！

随着岁月的流逝，我们希望我们能够为个人生活中的那个重要而独特的部分喝彩。事实上，对于我们大多数人而言，那种差异性是无法抗拒的，所以我们对于那个人才会备感珍惜，矢志不渝。

如果我们意识到，作为个人，我们会心甘情愿地因为这种独特性在不知不觉中就做出终生承诺，那么，在职业生涯中，我们为什么就不能用洪荒之力，以同样的方式为用户服务呢？

我们为什么无法对用户产生一种特殊的情感，进而使用户对我们矢志不渝，始终忠诚，让我们在来年也能不断受益呢？

这颇具讽刺意味，不是吗？

- **对企业大有裨益的步骤同样也能为用户提供他们真正需要的。**

本章回顾

一切都一模一样！

1. 我们的社区个个相似，因为城市与城市之间的商业环境完全一样
   a. 一致才安全
   b. 差异才强大
2. 每种产品或服务都能找到超越商品的途径；
   每个行业，每家企业迟早都要面临商品化的压力
3. 审视商品
   a. 价格
      » 如果你的全部优势只在于价格最低廉，那么我只要价格够低就能击败你
      ——沃尔玛 vs 凯马特 vs 塔吉特
      » 价格并不是万能的！尽管用户很看重价格，但是价格远非唯一因素
      ——如果不是如此，那么塔吉特不就没麻烦了？
   b. 要在价格敏感的市场中立于不败之地就应该下定决心，不打价格战
      » 索尼公司已经进入这种境界
      » 价格不是市场决定的，而是营销者决定的！
      » 许多企业选择了商品，因为它们既不具有创造性，也不以用户为中心

c. 质量

» 质量是主观的

» 不能光有产品质量，还应该考虑服务质量

» 努力改善用户关系质量

d. 服务

» 不仅要提供服务，还要争创差异性服务

» 在第三层次上才有差异性

4. 用户厌倦所带来的挑战

» 千篇一律，用户难免心生厌倦

5. 有助于从令用户厌倦的用户体验中摆脱出来的三个问题

a. 和我们做生意与和我们的竞争对手做生意，从体验上来说有何不同？

b. 避免让员工厌倦的项目有哪些？

c. 如何让体验多元性，避免让用户感到“忠诚度疲劳”？

6. 差异性战略

a. 要实现产品和服务的差异性，首先要问六个基本问题：

» 何人，何事，何时，何处，何由，如何

b. 从提问中总结信息，并与从 SWOT（优势，劣势，机会，威胁）分析方式中提炼出来的信息相整合

7. 融会贯通

» 把六个问题的答案和 SWOT 整合在一起，制定差异性战略

8. 得出三种常见战略

a. 差异化战略

b. 成本领先

   c. 专注

      » 有些企业有能力贯彻上述一个以上的战略并成为行业领袖

9. 需要思考的四个基本点
   a. 目标是独一无二的，从而创建竞争优势
   b. 战略的有效性与竞争对手模仿的难度成正比
   c. 专注于用户对附加价值的理解，你也由此确认用户愿意付费的附加值
   d. 理解执行的巨大好处
10. 确保所有员工理解和拥护差异化战略

- **当你努力避免疏远用户时，你是否向忠诚用户证明了这一点：保有老用户的生意并且发展与老用户的关系才是公司的头等大事？**

第5章
脱节之五

用户真正需要什么：协调

企业提供了什么：混乱

《华尔街日报》的斯泰西·福斯特写了一篇文章，其主副标题很好地解释了这种情况：“一只手，不知道另一只手在做什么时，用户就会注意到，而且他们对此感到不满。”

来看一个十多年前的故事：一位女性在盖璞官网上购买了一件打折商品，但是当她到当地的盖璞实体店提货时却大吃一惊，因为实体店的打折活动还得再等一天才开始——实体店经理拒绝以官网价格出售该商品。

结果如何呢？那位女性啥也没买就走了。直至今日，这个十多年前的故事仍然具有启迪意义，因为很多东西仍是一成不变的。

愈来愈多的用户感到前所未有的困惑。假如你公司的某部门和用户说的是A，而另一部门和用户说的是B，用户就会感到迷惑。选择过多，用户就会感到迷茫。最终，你的公司最担心的事情发生了：用户不再与你的公司有业务往来，转而寻找其他“较易相处的”公司。

由于我们大多数时间都是在自己的公司工作，因此我们十分了解公司的组织架构，我们能够理解公司各部门各司其职，我们知道“公司政策”，并且要始终坚持。

- **问题在于……用户并不了解以上这些情况。**

我与一些朋友和同事谈及本章的内容时，他们每个人都和我分享了一些类似的故事，他们纷纷抱怨公司的某些做法确实会让用户感到困惑。有人甚至开玩笑说，公司实行三班倒，不断设计新流程，似乎其目的就在于让原本已经纷繁复杂的商业迷宫更令用户困惑不解。大家边笑边说：似乎商家已经下定决心撇下我们在前一章提及的那些百无聊赖的用户，再造出一波困惑不已的用户来！

好吧，我也有一个故事要分享。

几年前，我搬到了拉斯韦加斯。我发现当地的通信运营商是斯普林特公司。“好极了，”我心想着，“现在，我可以在该公司缴话费了。本地话费、长途话费和手机费统统都可以一并搞定了。”这很方便，不是吗？当然。

这是可以实现的，不是吗？当然不是。

“对不起，先生。那是斯普林特公司旗下的一个独立机构，您得直接与其联系，以办理手机业务。”工作人员解释道。

“那也就是说，”我问道，“由于你的公司无法办理该业务，不能为我的生活带来便利，导致我转到别家公司办理业务，你们对此没意见吗？”

“没有意见，先生。”工作人员答道。

现在拉斯韦加斯本地的移动通信运营商是世纪通信公司，此前世纪通信收购了音巴克公司，而音巴克公司是在斯普林特公司收购了纳克斯泰尔公司之后组建的一家新公司，旨在集中精力发展移动通信服务。

一头雾水吧？

当时，我只不过是希望斯普林特公司为我办理业务，让我的生活简单一些而已。然而，事与愿违。事实上，当时，我自己都感到既懊恼又困惑。

抛开这家通信公司不论，世界上应该没有哪家公司会由于其忠实用户希望它出面协调一下，避免与公司多个部门打交道而导致用户流失吧？

许多大企业极其关注其现有销售渠道，想要发挥其最大效用。然而，它们常常忽略了一点：现如今，用户可以通过多种渠道获取某公司的产品和服务。用户希望公司能够统一行动，协调一致，满足其需求。

比如我想在网上购买你公司的产品，在你公司的线下实体店退货。或者在网上订购你公司的产品，在你公司的实体店提货。（很显然，这对你的公司是大有好处的。西尔斯公司的一项调查表明：30% 的用户在网上订购商品、到店提货之后，还会额外购买其他商品！）

然而，大多数情况下，许多公司却未对销售渠道进行协调，结果使得用户困惑不已。

那些“愚蠢”的用户

我从不认为“用户永远是对的”。有时，用户也会犯错，也会不礼貌，或者犯傻。如果你想推翻这种观点，不妨上 www.CustomerSuck.com 网站看看。

在该网站上，你可以看到某些服务员对其服务对象的评价。在讨论版块，我看到的内容有：某某用户说了某某蠢话，某某前台服务人员碰到一些尖酸刻薄的用户，等等。以下是我从该网站摘录的一些例子（为了语言得体和标点规范，我已稍做调整）。

当时我一边收拾着影碟片，一边时刻关注着柜台，一有用户，我就会放下手头的事情去帮助他们。有一个傻瓜直接过来找我，并冲我大喊道："喂，到柜台这边来，我正等着呢！"

> 用户：我想看看——我的支票经由你手，能否从银行中取出钱来。
>
> 银行柜员：您是想查看这张支票是否已兑现，是吗？
>
> 用户：额，我想看看——这张支票是否能经过银行并且转换成钱。
>
> 银行柜员：所以……您是想查看这张支票是否已兑现，是吗？
>
> 用户：额……嗯，我想知道这张支票是否已经变成钱了。所以，我并不是真的想要兑换现金，不是……
>
> "可是，你们以前有……"哎！要是每次哪个蠢货进来后，对我说这句话，我就能够获得一美元的话，比尔·盖茨与我相比，也只能相形见绌了。难道我不了解他们所说的那些事吗？我知道，以前我们有产品目录，有汽车音响，有各种各样的产品，但是现在，我们已经不再生产、不再提供了。
>
> 今天，有位女士走进店里，想要购买一个我们公司已经停售的闹钟，之后她便开始对我大发脾气，说我们店以前是有卖此款闹钟的。我当然知道我们以前销售过这款产品，问题是我们已经现在不再生产这款商品了！我想表达的是：假设你走进一家本田经销店，问店员是否有 Preludes 跑车？如果店员回答没有，你是否会回："可是，你们以前有（销售这款车的）……"

美国广播公司报道：凌晨4点左右，一名浑身沾满鲜血的男子走进沃尔玛超市，买了几件衣服、几卷绷带和垃圾袋。该男子用一张沾满血迹的百元美钞付了钱，而后驾驶一辆皮卡离开，超市员工随即报警。（我想这应该很明显了，用不着夏洛克·福尔摩斯来替我们分析了吧？）

毋庸置疑，用户有时会做些傻事，说些蠢话。他们会令我们感到烦恼，有时甚至会惹我们生气。

虽然用户有时会犯错，但是话说回来，他们毕竟还是用户啊！虽然我们对他们感到生气是情有可原的，但是这并不能成为借口，我们还是得提供优质的服务，因为我们代表着公司的形象。

本章将探讨一些令用户感到困惑的原因。之后，会谈谈企业应采取哪些措施，通过通力合作，来消除与用户脱节的现象。

- **我们在探讨以上这些问题时，请记住这一要点：如果用户总是感到迷惑不解的话，那么你的公司便无法构建用户忠诚度。**

当然，有的用户曾经感到困惑，但在你的帮助下，用户渐渐明白了。对于这样的用户，创建用户忠诚度是可能的。但是，假如用户一直感到困惑，那么他们就会去寻找其他供应商。

由竞争者导致的困惑

造成用户困惑的原因几乎和用户人数一样多：

a. 沟通不当

b. 对产品体验不足

c. 用户预期与实际体验有差距

d. 以及其他更多原因均会导致不确定性

不幸的是，有时候，用户之所以产生困惑是因为你公司的竞争者散布了对你不利的信息。

有时，我们会发现某些刊物（如《华尔街日报》或《国家询问报》）上会刊载一些奇怪的故事：比如某公司打算通过制造困惑来进军市场。它的下一个目标便是那些可怜的用户，因为他们还被蒙在鼓里。

比如，肯塔基州有家成人书店名为“维多利亚的秘密”（真有这么一家店！），你公司的竞争对手派出销售人员，向你公司的潜在用户散布一些有关你公司产品或服务的不实传闻。问题在于，有时候，我们与用户产生脱节的原因并不在于我们自身，恰恰相反，而应将其归咎于我们的竞争对手，因为他们寡廉鲜耻，不择手段。

一直以来，总有一些企业擅长向竞争对手泼脏水。许多人都曾遇到过这样的人：他们的“销售途径”是给用户灌输关于其竞争对手的批评言论。这些评论要么是未经证实的，要么纯属捏造，他们的目的无非就是获得业务。（我不愿称其为“销售人员”，因为“销售人员”一词是专门用来形容那些具有专业素养的人，而上述那些人身上欠缺的恰恰就是这种素养。）

也许，大张旗鼓地向竞争对手泼脏水的莫过于某政治候选人了。在他看来，为了赢得竞选，大可肆意歪曲其对手的观点。

该候选人通过故意欺骗公众，抹黑其对手的立场，歪曲其对手对全体选民做出的承诺。这无疑是“一石二鸟之计”，一来他阐明了自己的民粹主义立场，二来逼迫对手为其不曾持有的立场辩护。

此举导致了严重后果。《华盛顿月刊》专门发文讨论这一问题。文章标题就一针见血地指出：“政治宣传适得其反：败坏民主的‘元凶’不是消极信息，而是欺骗性信息。”

文章中问道：“谁该为这些误导性的宣传负责呢？”

文章继续写道：“西德尼·加兰特是一位成功的制片人，他曾负责民主党的大选宣传片和简·方达健身视频拍摄工作。他与其他咨询顾问的看法一致，‘在美国，大多数问题都是像我这样的人制造的，我知道如何玩弄公众的情绪。我就是干这行的。’‘在宣传片中，似乎真相与准确性是同一个概念，但事实并非如此’，来自《新闻周刊》的乔纳森·奥尔特如是说。乔纳森是负责报道媒体类和政治类新闻的记者。”

我们看到加兰特先生的比喻及其见解极富教育意义。为了达到欺骗的目的，他玩弄了“公众的情绪”。

大多数候选人或公司在面对这种麻烦的竞争对手时，会如何应对呢？他们试图用证据来证明自己。这种想法虽然不错，但是与情感相比，事实永远是苍白的，其说服力远远不够。

1998年的总统大选广告中，时任美国副总统乔治·布什狠狠地抨击了迈克尔·杜卡基斯关于环境问题的立场。

以下是“选布什当总统”竞选宣传的广播稿：

作为总统候选人，迈克尔·杜卡基斯把波士顿海港叫作露天下水道。作为马萨诸塞州州长，他本有机会改变这一现状，却选择放任不管。国家环保署称迈克尔·杜卡基斯的不作为是新英格兰历史上最为昂贵的公共政策失误。现如今，波士顿海港是全美最为肮脏的海港，得耗费纳税人60亿美元才能将其清理干净。然而，迈克尔·杜卡基斯却对公众承诺说，他将用管理马萨诸塞州的方法来管理美国。

《华盛顿月刊》中的文章继续写道：

> 上述关于波士顿海港的竞选宣传所描述的事实从技术角度来讲是完全准确的，但同时也是刻意挑选的。但是，正如《新闻周刊》乔纳森·奥尔特指出的："他们（布什竞选团队）故意不提两个要点，因此，该竞选宣传基本不属实。"哪两个要点呢？其一，杜卡基斯是首位尝试治理波士顿海港的马萨诸塞州州长；其二，里根、布什政府阻挠了杜卡基斯的这一努力。该竞选宣传给人一种错觉，即布什更加注重环境保护，但是，奥尔特称，这"只不过是刻意误导那些选民的概念罢了"。

但是，文章对一个最大的问题并没有加以批评，即杜卡基斯回应与否。

杜卡基斯罗列出了事实与数据，以此作为对布什竞选团队所做的"波士顿海港"问题的反击，然而杜卡基斯出局了。布什的竞选团队与选民在情感上建立了纽带，而杜卡基斯的战略却停留在理智层面上。

我们清楚地记得此次大选何者赢得了民众的青睐，取得了最终的胜利。

讲述这件事并不是要进行任何政治讨论。我们的目的在于举一个大家都能够记得住的例子，以阐释这一观点的重要性：如果你公司的竞争对手通过欺骗手段扰乱市场，你的公司首先要做出的回应是与用户和潜在用户建立情感纽带。

美国前总统比尔·克林顿曾在其所著《我的生活》一书中写道，当时和他竞选阿肯色州州长的对手也曾制作过类似的欺骗性竞选宣传材料，以此来攻击克林顿。

克林顿的回应方式是上电视节目，播放竞选广告。他明确表明其对手的攻击行为，“如果他在竞选中对大家隐瞒了真相，那么又如何指望他就任州长之后，对大家开诚布公呢？”

对手彻底失败了。

克林顿在回应之初并未使用证据。相反，他希望唤起阿肯色州民众的本能反应，即“一次撒谎，终生是骗子”。

正如我之前说的那样，本讨论只限于商业领域，与政府或候选人无关。

我并不是建议大家不应该用证据来证明竞争对手蓄意误导大众，而这些大众恰恰是他们的目标用户。话说回来，如果你把自己逼到无奈的境地，只能“用证据来解释”的话，而对手却是打“感情牌”，那么你的胜算已经减半了。

也许有些人会对我的立场嗤之以鼻。许多人坚信：用翔实的数据和精妙的分析予以回应是恰当应对困惑和误解的唯一方式。我能够理解他们的这种想法。

但是，正如西格尔·巴萨德在《管理科学季刊》上发表的文章指出的那样：

> 我们……需要将情感或者说群体内的情绪传染考虑在内。研究表明，在组织行为中，尤其是在个人层面上，情绪起着举足轻重的作用。因此，情绪传染直接或间接地影响着企业员工和工作团队的情绪、判断和行为，最终在团队和公司内部产生微妙但重要的涟漪效应。

既然我们已经认识到情绪传染对公司内部员工有着重要的影响，我们也就不难联想到与我们的用户和潜在用户建立情感纽带的重要性了。

我们无意之中造成的用户困惑

综合来看，有一些领域最让用户感到困惑。如果你对这些领域研究一番的话，你会发现在很多情况下，我们给自己制造的麻烦比竞争对手给我们制造的麻烦还要多。

市场上充斥着让用户备感困惑的东西。如果你对其研究一番，你会发现对用户造成困惑的原因主要有以下六种：

a. 选择过多

b. 促销与实际不符

c. 技术与人情味

d. 第一层次执行不力，更高层次自然就会脱节

e. 和不懂技术的人大谈特谈技术

f. 竞争对手故意制造的困惑

选择过多

假设你想去旅游，目的地已经确定好了，现在，你要决定的是去哪儿买票。

你可以选择的网站很多，比如客涯、亿客行、沃比茨，不一而足。此外，还有众多航空公司，每家航空公司都挖空心思想让你购买其旅游服务。

每家网站上提供的选择之多着实令人瞠目结舌。所以，你自然会货比三家。这对航空公司来说可算不上什么好事，因为和任何企业一样，航空公司也想构建用户忠诚度。

尼尔森研究公司发布的一项研究报告表明：超过 1/4 的美国航空公司网上用户浏览过达美航空公司官网。大型综合性旅游网站也存在类似的趋势，比如浏览过亿客行官网的人有 1/3 会顺手点击旅游城市公司的官网。

现在设想一下，我们的潜在用户在浏览网站时会有何种经历。"在亿客行官网搜索短期度假套餐，结果显示有超过 621 条选择；在好订网上搜索'酒店'，结果显示有 120 家酒店可供选择；而在 Cruise411.com 上搜索'游船'，结果显示有 300 多个选择。"假期教练公司的执行总裁和创始人罗伯·罗伯茨如是说。

- **换句话说，到头来我们虽然获得了海量的信息，但都是零智慧信息。**

接下来让我们看看不同航空公司对同一条航线究竟会有多少种票价。我在客涯官网上搜索洛杉矶国际机场到纽约拉瓜迪亚机场的往返机票。我发现，如果在全美航空公司购票的话，票价是 463 美元（前提是我可以忍受漫长的中转时间），或者我可以选择美国联合航空公司，其票价为 816 美元。

而票价为 816 美元的选择一共有 193 种！你如果愿意支付高达 1 400 美元的飞机票（一日之内往返两城），那么可供你选择的航班有 500 多个！

你如果想乘坐直达纽约的飞机，而且你还是美国联合航空公司的会员，那么你得到纽约肯尼迪国际机场而不是纽约拉瓜迪亚机场乘坐飞机。美国联合航空公司每天有 6 趟航班。你如果想买经济舱单程票，则费用为 984 美元。（此时我们还没开始搜索酒店和租车服务呢！）

用户因选择过多而困惑不已。关于这个问题，旅游业就是一个绝佳的例子。如果你不是常旅客，那么看了这些信息之后，你很可能只会连连摇头。别忘了，我们还没谈到服务质量和旅客所期望的令人无法抗拒的体验呢。

（此外，我很好奇，就飞行体验而论，全美航空公司提供的售价为 463 美元的往返机票和维珍美国航空提供的售价 1 758 美元的单程头等舱机票到底会有多少区别呢？）

我们知道：让用户拥有多种选择是经济体系的基础。但是，当用户拥有如此之多的选择时，又会如何呢？不经意间，“分析麻痹”就产生了。

几年前，我有幸指导过哥伦比亚大学著名教授席娜·伊加尔博士。伊加尔博士也许是世界上“选择”研究的顶尖专家。马尔科姆·格拉德威尔在其著作《眨眼之间》中对她做了专门介绍。她还出版了《选择的艺术》一书。

"将我们的选择欲望和选择在生活中的意义以及选择本身进行比较，这是我的兴趣所在，"伊加尔写道，"我的研究工作就是将选择的意义和价值与选择这一行为进行比较。"

近来，宝洁公司宣布，它要放弃一半以上的旗下品牌，这让我不禁想起了席娜·伊加尔博士。

《华尔街日报》报道称："宝洁 CEO A. G. 雷富礼表示，宝洁公司将着力发展旗下的 70~80 个品牌，其中包括汰渍和帮宝适纸尿裤，这两个品牌占宝洁公司 90% 的销售额及 95% 的利润。此外，公司将出让 90~100 个小品牌产品。"

伊加尔博士的研究显示，公司提供给用户的选择越多，他们就越难做出决定。

宝洁公司正朝着这样一个方向努力：关注那些最重要的品牌，在公司内外，努力消除困惑。

如果你的产品线是分散的，那么你很难分清状况，也弄不明白缓急轻重。

许多人认为，"优先事项"（priority）这个单词是于 15 世纪进入英语词汇中的。

直到 20 世纪，其复数形式——"若干优先事项"（priorities）才被开始使用。根据其定义，"优先事项"这个词的意思是某人 / 某机构所能进行的一个单一的、最重要的活动。

如果你经常使用"优先事项"的复数形式，那么你得考虑考虑：你是否足够精细，你的产品在市场上是否具有独特性？

- **减少、优化提供给用户的选择，以减少用户的困惑。**
- **之后，将用户的积极体验作为建立真正情感联系的第一步。**

促销与实际不符

值得一问的是——你的公司是否“言出必行”？

换句话说，用户的购物体验是否与其看到或听到的广告内容一致呢？

- **如果用户与你公司的业务往来未达到其期待的标准，那么你的公司就有严重的信用问题了。**

有一本自我修养类的畅销书名为《别为小事抓狂》，我们办公室的同事曾专门吐槽过这个书名。

不过我认为，至少在我们这个行业，凡事无小事！

如你所知，这是对的。问题刚出现小苗头时最容易解决。我们关注细节，否则我们如何才能保持一致性？如何才能不让我们为之服务的用户感到困惑？

就销售层面看，我们在转向团队销售的过程中，与用户的沟通就可能进入一个产生不一致的新领域。

泰里·费尔德曼·巴尔在《个人销售与销售管理杂志》（*Journal of Personal Selling and Sales Management*）发表了一篇文章，对这个问题进行了讨论：

> 今天的销售代表在实现企业目标、满足用户需求的过程中要面对不断升级的竞争和动荡、与日俱增的产品产出和日益加重的

压力。用户接触模式、用户期待和电子用户交互界面的变化要求销售代表要对来自各方的信息进行梳理并做出有效的回应。随着销售团队的出现，个人与团队工作的价值或风格之间的差异性，也使得矛盾无可避免。

费尔德曼·巴尔在文中指出，个人销售代表与核心销售团队的沟通方式从本质上而言是大相径庭的。她指出：

> 销售代表回应矛盾的方式可能会对销售团队的努力、态度和行为带来阻力，最终破坏与用户的长期友好关系。由于核心销售团队是以长期的战略为基础，团队回应矛盾的过程起着关键的作用，因为它能达成团队的目标，带来团队内部的积极互动，而且有助于建立与用户的长期友好关系。

顺便说一句，如果一个可能接受过“ABC”法则培训的销售代表加入了核心销售团队，那么他会给这个团队带来什么挑战呢？

也许团队其他成员会认为该销售代表过于“冒进”了，而该销售代表也可能鄙视团队的其他成员，因为他们进展缓慢。

现在，设想一下，用户夹在双方之间多么可怜！用户可能会觉得自己像动画片《大力水手》里的奥利佛·奥尔那样，一边是销售代表拉着她的手，催她尽快“成交”；另一边则是销售团队拍着她的另一只手，安慰她说慢慢来，不急，因为销售团队正忙于与用户建立关系！

此时此刻，对于用户来说，最简单的方法便是另觅他处！

作为用户，他完全可以选择信息传达和做事方法一致的公司。

同时，我们也要注意到矛盾本身并不会产生不一致。我们如何处理矛盾，用户看得一清二楚。

如果我们解决问题之后，可以给用户带来积极的感受，增强我们与用户的情感联系，那么矛盾实际上是在提升彼此的关系。

（请勿曲解我的意思。我并不是建议你主动让用户感受矛盾，好让你上演“英雄救美的戏码”！那太冒险了，而且也不道德！）

以下行为对矛盾处理不利：错过最终期限、缺少后续跟进、与用户沟通不够或是其他让用户认为你只是耍耍嘴皮子，而非采取实际行动来加强与他们的关系的行为。如此一来，第一个例子所讲的矛盾（有利于建立与用户的关系）在这种情况下，便会使用户感到厌恶了。

这并不仅仅只是销售和市场营销团队应关注的领域。公司上上下下都应具有高度的一致性。正如其他事物一样，一致性应自上而下，贯彻始终。

不管你是经营一家小商店或是通用电气公司的CEO，保持言行一致，不仅公司上下的员工会看在眼里，用户也会看在眼里。

如果你重视公司的人力资源，那么你一定得重视一致性，重视一致性所能彰显的重要性。

“价值观的一致性，以及由此派生而来的、在贯彻企业战略的行动方面的一致性，才是用人之道的根本。”来自贝恩公司的查尔斯·M.法卡斯和《哈佛商业评论》的苏济·韦特劳弗写道：

> 只有那些已经认可公司做事方式的员工才有权采取行动。但在企业当中，这个由人力资源部总监带领的团队，一般规模都很

> 大。回想一下，1991年当米德威航空公司破产之时，美国西南航空公司有何举动呢？就在米德威航空公司发布破产声明的几小时内，位于达拉斯的美国西南航空公司的员工实际上已经接管了芝加哥机场原本属于米德威航空公司的每一个登机口。“他们出发之时，我甚至都不知道他们要去芝加哥。他们并未事先打电话给我，”凯莱赫回忆说，“他们走进来，说道：‘总裁，我们做了件事儿，想向您汇报一下。’他们从未怀疑过我是否会批准该行动，因为‘我们公司上下拥有很高的一致性’。”

假设你是CEO，你的员工走进你的办公室，对你说，“老板，我们刚刚接管了芝加哥机场，你会怎么样？”

你的员工是否就像当时的美国西南航空公司的CEO凯莱赫所说的那样，从未怀疑过你是否会批准他们的这一行动？他们是否会有足够的自信，相信自己的行为是与公司高度一致的呢？

弗雷德·麦克卢尔曾效力于罗纳德·里根政府和乔治·布什政府。我问弗雷德为这两位总统工作有什么不同？他的回答很有趣，他也谈到一致性的重要性：“虽然布什总统过去是，现在也仍然是一位伟大的、富有同情心的人，但是，从某种角度讲，为里根总统工作似乎要轻松不少。”

“说到里根总统，他的价值观自成体系且广为人知，而且你打心眼里相信这些价值观是不会改变的，总统手下的工作人员完全明白总统希望他们怎么做。因此，我们做事情不需要事先获得他的批准。我们只需要想一想总统希望我们做些什么即可。大多数情况下，你是可以猜到总统的心思的。”

在此，我们所关注的并非不同个体的政治风格。我们所关注的是作为CEO，管理的方法有何不同？当然，这里说的是美国的CEO。

其重要程度如何呢？据《酒店》杂志报道，就酒店行业而言，“用户互动管理模式大相径庭，用户接触方式也会发生极大的变化，有助于提供恰到好处的用户服务，而且能形成更行之有效的用户洞察力，将运营成本和其他费用降低10%~30%”。

- **值得我们效仿的第一个价值观就是一致性，即在与用户互动中，言行需一致。**

技术与人情味

我与朋友和同事也讨论过“技术与人情味”带来的挑战这一话题。相对于本章其他话题，他们对于本话题的反应可以说更加热烈，也更加发自肺腑。

作为用户，我们渴望人情味！打电话时不能和活生生的人交谈让我们颇感厌烦，或者说一切自动化的东西都会令我们心生厌烦。离开了人与人的互动，人际关系就无从谈起，而这些情感上的联系正是用户真正期待的。

但是，你已经发现这些了，那么你和他们断了联系了吗？我也断了。

谢天谢地，有了来电显示系统，我就可以把那些不想接听的来电转接到语音信箱了。没有电子邮件的话（包括极其便利的自动回复），我恐怕活不下去了。这比亲自与人沟通要快许多！你是否和我一样，哪怕对方就在你家中，你也会给他发短信？

- **换言之，我希望你能带给我一点儿人情味。**
- **另外，和大多数心浮气躁的专业人士一样，我认为自己太忙了，舍不得放弃技术，自然就无法与其他人有更多互动了。**

任何与用户打交道的人都应该对这样一个大难题感到辗转反侧，即如何发挥科技在节约时间、金钱成本方面的有效性，同时与用户的预期保持平衡，让其获得人性化的关注。

“社会越是高科技化，人们越是想要更多的人情味”——这一富有洞察力的话已经流行几十年了。这个观点最早是由约翰·奈斯比特在其经典著作《大趋势》一书中提出的。

罗歇·特拉普在《星期日独立报》上发表文章，旨在解决这一全球性挑战。他写道：

> 我们英国人很有耐心。但是许多事情现在已改变了。把一群人聚在一起，过不了多久，他们便会开始抱怨。抱怨的内容大抵如下：等包裹等了老半天，吃饭都迟到了；修车厂说了会按时修好车，但实际上并没有按时修好。这些问题并不是英国人的专利。一直以来，美国被认为是用户服务的发源地，但是现如今，大型企业对于其用户似乎漠不关心，这正引起人们的强烈抵制。随着公司规模的不断扩大，它们得加倍努力才能与其用户保持密切联系。显然，很多公司得依赖于科技来实现这一目的。至少，从两方面来看，这种做法是错误的。首先，用户关

系营销 (CRM) 所带来的诸多好处被过度吹嘘了；其次，由于公司把与用户交流作为其“市场营销”的一部分，而不是把他们当成个体来对待，因此用户很容易识别公司的这些缺点。

对此，《华盛顿日报》是这样评论的：

用户服务已经退化成一种新的、技术上的折磨，公司内部各部门互相推卸责任，或是用户服务代表把责任推给其他公司。更有甚者，他们直接把责任推到用户身上。

这一问题存在于各行各业。在《医疗行政管理》（*Managed Healthcare Executive*）杂志中，医疗行业的领袖们被告知：“最新研究表明：大多数在线用户希望收到关于其年度体检、儿童免疫或其他疾病筛查与预防服务的提醒。另外，人们要求获得更有针对性的建议，他们希望医生把握好技术与个性化建议之间的平衡。”

那些银行高管们在《银行市场营销》（*Bank Marketing*）杂志中得知这一问题，如来自 Xchange 的罗伯特·霍尔写道：“效率、一致性和规则经常与用户所期待的个性化服务以及员工所希望提高的服务产生冲突。结果，许多公司迅速采取行动，以缩小其决策与用户在物质上与心理上的预期。”

技术带来的速度与和实实在在的人打交道所能带来的那种温暖的感觉，这两者有没有一个精准的中间点，使其既符合用户的利益，又符合公司的利益？管理者都想知道这个中间点，但是没有任何捷径可走。然而，正如罗歇·特拉普在上述提及的文章中所总结的，每家公司“都必须牢记：技术大可应用于某些常规业务，但是技术并不能取代员工，因为他们积极向上，能够代表用户做出合理决定。也许，在当今的电子化时代，拥有人情味的重要性已达到前所未有的高度”。

第一层次执行不力，更高层次自然就会脱节

如果你连月度结算都会弄错的话，那么还能指望别人相信你能够满足用户的其他需求吗?

如果用户的关注点在于纠正你的错误，那么你的公司要想带来用户体验（这是用户始终保持忠诚度的缘起）这一层次的服务则是极其困难的，甚至是不可能的。

正如古语所说："知易行难。"你如果不能创造出一种完美无瑕的产品和流程，无法让用户满意，你就不可能上升至第二、第三层次。

《财富》杂志采访了奢侈品品牌普拉达的 CEO 帕特里齐奥·贝尔泰利。他既是商业天才，也是时尚潮流的引领者。从贝尔泰利那里，记者听到的全都是"拘泥于小节"的重要性。

"时尚公司与电子公司或汽车公司并无不同之处，"贝尔泰利说，"就像通用汽车一样，我们公司得具备生产和制造能力。我是多变的人吗？如果一个始终如一、高标准严要求的管理者却被说成一个多变的人，那这就是外界的问题了。"

"我是一个高标准严要求的人，"他说，"我希望员工始终如一，做对的事。但是，我知道人无完人。也许我看起来有点严厉，但我并不臭美。我得管理 7 500 多名员工，我采取行动的目的在于给予他们管理上的安全感，并保护他们。"他又说，在他手下给他做事超过 20 年的人有 150 多个。

普拉达有能力达成贝尔泰利设定的目标，是因为：普拉达的用户能从其产品中得到美妙的体验，这种体验得归功于公司管理层关注细节（第一层次）。

从现在开始，请你的公司重新确认一下所有的旁枝末节是否已经得到及时、准确的处理？整合防错和精益生产虽然谈不上了不起的成就，却是十分重要的。它们可以为建立良好的用户关系打下基础。

和不懂技术的人大谈特谈技术

在《一切行业都是娱乐业》一书中，我对传统的讲故事“三幕法”做了解释。

第一幕，介绍人物和矛盾冲突。如果这些人物能够吸引观众的话，那么观众自然期待看到剧中人是如何解决冲突的，而在这一冲突中观众也会找到自己的影子。

第二幕的篇幅最长，讲述人物是如何想方设法解决冲突的。

第三幕是大结局，讲述剧中人如何采取一些英勇行为解决冲突。

大多数的鸿篇巨制，比如荷马的经典著作《奥德赛》和布鲁斯·威利斯主演的《虎胆龙威》都遵循这一模式。你看，这难道不是戏剧的“广泛性”吗？

但是，当今世界，我们面临着一种新的、比以往任何时期都更困难，也更为重要的沟通问题。

如果技术专家不得不解释其产品和服务，而其潜在用户和固定用户对技术又一无所知，那他们应该怎么办呢？不幸的是，大多数情况下，其结果乱七八糟，而用户又一头雾水。

几年前，通用电气公司核能科学家和工程师邀请我就这一问题做个演讲。一走进会场，我的脑海中就闪现出一个想法："在我的有生之年，我还从来没有在同一个地方，看到这么多带口袋的衬衫，也从来没见过这么多塑料钢笔保护套。"

这些都是才华横溢的人，但他们面临的却是一个极其基础的问题：如何向普通人解释核科学和核能呢？

如果你仔细想想的话，其实，从某种意义上讲，我们的工作都具有一定的技术性。当然，大多数工作就其复杂程度而言都比不上核能。但是，隔行如隔山，你所在的行业及其术语对其他人而言也非常遥远，反之亦然。

因此，如何才能最好地和不懂技术的人（潜在用户、员工及用户）谈技术其实是个老掉牙的问题。这是不是颇具讽刺意味呢？

亚里士多德论及修辞学时，提到了说服三段论。这三段论恰恰是我们可以利用的策略。

亚里士多德指出，演说者想说服他人应采取三段论：

a. 人品诉求（Ethos）——基于演讲者人品与信用的诉求

b. 理性诉求（Logos）——强调晓之以理，展示事实真相之诉求

c. 情感诉求（Pathos）——对听众动之以情的诉求

和不懂技术的受众谈论颇具技术含量的产品或服务时，我们经常会遇到一个最根本的问题，即大多数技术专家认为，理性诉求是最具说服力的。

理性诉求有其内在矛盾性。作为技术专家，演讲者当然比受众

更了解背后的原理，而受众往往听不懂其中的细节推理。受众一旦无法全面理解技术专家演讲的内容时，矛盾就产生了。

此外，许多沟通方面的专家认为：高新技术行业的从业人员一般更注重晓之以理，而不懂得动之以情，或彰显个人的人格魅力。这些人想当然地认为：把事实罗列出来，受众自然会和展现该产品的演讲者一样，得出同样的逻辑结论。

这里存在的脱节是显而易见的。

相反，许多专业人士的交流风格靠的是其个人的人格魅力，靠的是对受众动之以情。

举个例子，总统候选人对是否资助高新导弹项目展开了辩论。有些听众在收听该节目时，很可能会被候选人的人格魅力所左右。而有些听众则可能会听从其内心的情感诉求，会考虑世界人民的安危。但是，对于有些听众来说，只有对该项目的可行性进行科学论证，这样的观点才有分量。由于大多数从事导弹研究的科学家很可能倾向于晓之以理，因此，他们那种充满智慧、逻辑严密的论调很可能无法让习惯于人品诉求和情感诉求的听众信服。所以，我们说放诸四海而皆准的说服方法压根就不存在。

和用户谈技术的时候，请把重点放在人品诉求和情感诉求上，这样才能避免对牛弹琴。

由于技术人士擅长晓之以理，因此相关的论述已经汗牛充栋了。所以平时沟通时，应加强自己较薄弱的方面，以提升个人的人格魅力和动之以情的能力。

商家在和用户交流的过程中会遇到诸多的挑战与困难。值得一提的是演讲者与受众之间的脱节就是这些挑战与困难的一个缩影。由于我们当中的大多数人都关注产品和服务的技术特点和逻辑属性，我们无意中忽略了那些既可以说服用户，又让我们不至于白费工夫的方法，即提升人格魅力，动之以情。

有趣的是，一些有关这一主题的文章也认为真实情况就是如此。基思·韦格纳是 Quantalex 公司（一家致力于为用户提供技术方案的咨询公司）总裁。基恩在行业杂志《技术通信》中撰文写道："在技术类写作中，情感诉求或动之以情似乎已经没有立足之处了。"

这就好比我先前引用的一句老话："如果你只有一把锤子，那么每个问题都是钉子。"换句话说，如果你在沟通过程中只习惯于晓之以理，那么你会觉得动之以情的做法让你浑身不舒服。

- **那么，在谈论技术时，应采取何种沟通风格呢？**
- **无论何种风格，只要能说服听众即可。**
- **无论何种风格，只要能解决与用户之间的脱节问题即可。**

技术专家在谈论技术时，"请记住：对技术一无所知的受众的兴趣与你的兴趣总是截然不同的。"谢丽尔和彼得·莱因霍尔德在《解决方案》（*Solutions*）杂志上写道。

他们认为，人们需要理解以下这一重要概念：

> 你要考虑的问题不是"我应该告诉用户哪些信息"，而是"用户想要了解哪些信息"。由于演讲者急于想给他人留下深刻印象，"瞧，我所从事的工作是多么复杂啊"，因此他们往往选择了"好为人师"的做法。这么做会赢得他人的钦佩吗？试着用

用“憎恶法”吧。避繁就简，别好为人师，你就会把受众真正关心的信息传递给受众了。

解决困惑与窘境

很显然，不想让用户一头雾水、与你格格不入的最佳方法就是避免出现这种情况。这需要我们与用户建立情感上的联系。

人们常常犯错误。用网球术语来说，这些错误就是“非受迫性失误”。你并不打算让用户感到困惑。只不过，现如今商业的压迫性本质形成了这样一种氛围，使得先前提及的种种脱节现象更易于发生。

2004 年 7 月，德尔·琼斯在《今日美国》上发表了一篇文章，他试图探索管理与网球之间的相似性：

> IBM 网球顾问、来自伦敦的基斯·索尔为《今日美国》所做的一项分析表明，去年，在温布尔登男子单打比赛中，那些出现非受迫性失误最少的运动员，其获胜比例为 70%。在 127 场比赛中，那些失败者比获胜者多出 706 次的非受迫性失误。也许，更能说明问题的是，在最终的 31 场对决中，世界顶级选手展开了对决。胜方也好，负方也罢，非受迫性失误的比例均急剧下降。即便如此，获胜者出现非受迫性失误的比例最小。在最终的决赛中，他们获胜的比例为 74%。

那么，在商业中，什么会引起“非受迫性失误”呢？

据《今日美国》报道：“许多事情看似不起眼，却日复一日地出现。‘供应商因为将账单送错地方，导致其产品无法准时送达用户手中或根本无法送到用户手中时，你想象得出用户有多生气吗？’迈克尔·克瑞特里说道，他是美国必能宝集团的 CEO。必能宝集团是邮件设备和软件等服务提供商，是《财富》500 强企业之一。”

我们有能力进行更顺畅的沟通，有能力优化选项，使我们的言行更为一致，更加广泛、有效地将“人情味”融入公司。正如必能宝集团的克瑞特里所说的那样，在第一层次就把事情做好。

言之易，行之难。但是，在现实世界中，你得执行以上所列的各种方法，以帮助你的用户、潜在用户和你的员工走出困惑的迷雾，从而走进情感联系的阳光之中。

本章回顾

一旦用户意识到在与商家互动的过程中缺乏协调性，他们就会无所适从。无所适从就会造成我们与用户之间的脱节，进而无法在市场上独树一帜。

1. 困惑总是会造成脱节
   » 在建立业务关系时，因缺乏协调而造成商家与用户之间的脱节，人人都有话要说
2. “愚蠢”的用户
   a. 用户经常会说傻话，也会做些蠢事
      » 但是，用户并没有理由像我们那样熟悉我们的业务
   b. 我们工作的一项重要内容便是与那些茫然不知所措的用户和员工打交道，并负责与其重新建立情感联系
   c. 用户也许会说些蠢话，做些傻事，但是，用户仍是我们的用户！
3. 竞争对手制造的用户困惑
   a. 某些公司采取不道德的手段，抹黑你公司的产品和服务形象，以此获得业务
   b. 欺骗比贬损性的评论更糟
   c. 政治领域的例子最适合用来解释这一情况，而且也是公诸天下的
   d. 先打“情感牌”应对竞争对手的欺骗手段，再用证据证明

自己

e. 欺骗手段会引起情绪上的反应，所以你得先打“情感牌”

4. 我们无意中制造的用户困惑

 a. 大多数情况下，问题并不在于竞争对手采取欺骗手段；而是我们自己一手酿成了与用户的脱节

5. 出现脱节的原因共有六种

 a. 选择过多

  » 产品和选择过多，用户备感困惑，只好另觅其他商家

 b. 促销与实际不符

  » 通过市场营销，我们使用户对消费体验产生了无限期待，然而我们却无法或不能满足他们的期待

 c. 技术与人情味

  » 我们努力简化流程，提升技术效率，结果却给用户带来困惑，因为用户期待的是有“一个活生生的人”来给他们提供答案

 d. 第一层次执行不力，更高层次自然就会脱节

  » 如果我们连用户每月账单都会弄错的话，或者连简单的流程都执行不力，那么用户凭什么相信我们能够为他们提供第二、第三层次的服务呢？

 e. 和不懂技术的人大谈特谈技术

  » 很多情况下，由于展示者试图将所有信息一股脑儿地塞给目标受众，从而导致技术交流的失败

6. 亚里士多德提出的三段论——“人品诉求、理性诉求、情感诉求”——仍然有用，而且应当应用于技术交流

    a. 走出困惑窘境

7. 寻求避免“非受迫性失误”的方法

    a. 沟通更清晰，流程更顺畅

    b. 走出“困惑的迷雾，走进情感联系的阳光之中”

第6章

脱节之六

用户真正需要什么：创新

企业提供了什么：安于现状

我们已经确定：用户会对一成不变、千篇一律的选择、产品、服务等感到厌倦。

那么，大多数企业提供的是什么呢？安于现状。

许多公司纷纷表示："既然用户去年喜欢某产品，那么今年也会喜欢……相信明年也是如此。当然，我们可以对其做些改善，或是小修小补。但是，既然它受市场欢迎，我们又何必创新呢？难道你听说过'新可乐'这一品牌吗？"

雷蒙德·库维克在行业杂志《现代物料搬运》（*Modern Materials Handling*）的社论中写道：

> 持续改善被视为重要工具，不管是那些争创世界一流的公司，还是那些想获得 ISO 9000 认证的公司，抑或是那些希望获得鲍德里奇国家质量奖[1]的公司。可是，问题在于持续改善有碍创

1. 鲍德里奇国家质量奖于 1987 年由美国国会设立，旨在提升企业的质量管理意识，并对那些成功实施质量管理体系的美国企业予以表彰。——译者注

> 新。如果一家公司需要在创新和持续改善之间做出抉择的话，那它的选择一定是创新。

用户希望你能带给他惊喜。他们更愿意相信，让你辗转反侧、彻夜难眠的问题是你应该如何为你的服务或是产品带来革命性的变化，如何让用户眼前一亮。他们渴望创新，不料你却安于现状。

你真的相信用户强烈渴求的是你的公司将管理流程改善 0.03% 吗？如果你想为用户带来其真正想要的，那就……创新吧！

- **永葆创新激情——能否独树一帜，创新至关重要！**

你的公司或其他公司现有的产品或服务同样可以创新。

理查德·布兰森是英国维珍集团主席兼 CEO。他为人高调，恣意张扬，他对其所涉足的每一行业都进行了创新，如音乐销售、洲际旅游等。

几乎每一个社区中的小企业都有创新者。此话怎讲？在沃尔玛“大举进军”之下，这些小企业还是幸存了下来。创新无处不在，比如，杂货店按用户需求切肉并送货上门；或是运动商品店，让用户试穿新运动装备，从而得以体验商品。

不幸的是，我们当中的许多人并未被“创新的信仰所拯救”，因为为时已晚。

正如上文所述，吉姆·柯林斯在其畅销商业著作《从优秀到卓越》中写下了一句经典的开场白：“优秀是卓越的敌人。”

当我们将全部精力用于持续的改善时——安于现状，不顾创新——我们只是满足于“优秀”，而不是奋力一搏，追求卓越。

将持续改善作为企业生存之道

我们都深陷其中。

几年前，日本商业管理方法风靡全球，而其中的热词便是“改善”(kaizen)。“kaizen”是一个日语单词，意即“持续改善”，由“kai”和“zen”组成，前者大意为“持续的”，后者则表示“改进”。

世界各地的公司纷纷举办了“改善研讨会”，以求对其产品、服务和流程进行持续的改善。

我们仍然深陷其中。

现如今，“改善”已有了更精确的公式和全新的名称。但是，即使人们把它称为六西格玛，“持续改善”仍是人们追求的目标。www.iSixSigma.com 网站将六西格玛流程称为“一种利用信息（以事实来管理）和数据分析的、严格且系统的方法论，通过发现、预防生产流程及服务相关流程中的‘缺陷’，以此来衡量和提高公司的运营表现、操作和体系，其目的在于有效地预测并超出所有利益攸关方的预期，以实现高效”。

基于你公司的衡量方法所提供的精确信息，以此做决策，这是你的公司加强用户关注度的方法，也是六西格玛方法的另一关注点所在。六西格玛专家说：“减少你公司业务的多样性，有助于你的公司做出以用户为中心、以数据为驱动的决策。”

我想，你应该知道六西格玛中运用了不同的“战争”隐喻，其目的在于将生产流程中与缺陷做斗争并臻于完美的过程比作一场战争。那些对六西格玛有深刻认识且接受过高级培训的公司可获得

“黑带”称号。

沃顿商学院在一篇题为《创新与模仿——成与败的位置决定因素》的文章中写道：“当今世界，经济充满活力，这就要求所有公司必须不断改善现有的产品或推出新产品，以保持竞争优势。”

换句话说，你的公司需要做到：

（1）让你公司的产品和服务真正做到更好，而不只是在些许细节上“小打小闹”。

（2）你的公司得创新服务方法，创新产品特色……或是创造全新的产品……以让你的公司在21世纪的竞争中立于不败之地。

然而，成百上千家的企业之所以实施六西格玛方案仅仅是出于一个关键的原因：其竞争对手也在运用该方案。

现代企业面临的挑战是显而易见的。创新是昂贵的、艰难的，可能毫无回报，还会令人胆战心惊。甚至对于许多曾经运用创新推出新产品的公司来说，它们也希望自己能够单纯地关注改善，而不是创新。

微软公司当初推出Power Point（幻灯片）时，其原创程度几乎已臻于完美。今年的升级似乎并无必要。想想哪种版本更简单、更经济呢？

创新型公司始终要牢记一点：没有创新，就没有可以改善的产品或服务。

创新助力企业成长

快速的产品或服务创新会带来积极的影响，研究已证实这一假设。事实也表明，快速的创新能助力企业走向成功。

约瑟夫·维西在《经理人管理学院学报》(*Academy of Management Executives*)中发表了一篇题为“新竞争者：以速度求市场”的文章也证实了这一理论。

正如贝纳·大布里士在《管理科学季刊》所指出的那样，此项针对创新型产品上市时机的研究表明：如果产品晚 6 个月投放市场，但在预算之内，那么五年内其盈利额与准时投入市场的产品相比，减少了 33%。

“准时投放市场的产品，即使预算超出 50%，对于该公司来说，此产品的收益率也只下降了 4% 而已。”

许多管理者及其所在的公司对于创新都存在一种误解：创新是杂乱无章的。

给我 10 亿美元和 5 年时间，我依然无法承诺我能创造出下一个轰动一时的产品。然而，两个几乎一无所有的年轻人，却在其车库里捣鼓出了个人电脑。六西格玛能带来那种结果吗？

罗恩·约纳什是理特咨询公司副总裁兼技术与创新部主管，他在《今日美国（周日版）》发表文章称：“产品的持续突破、创新，会给该公司的所有股东带来回报。”

约纳什认为，创新同时还会带来其他许多好处。“用户、员工和商业伙伴也会从中受益。用户对此尤为激动，非常满意，”他说道，“创新者的绩效和价值领导力提高了，这有助于增强与用户的关系和开创新型关系。随着用户忠诚度的建立，公司的市场份额和品牌影响力也将随之扩大。员工的忠诚度提高，因此他们坚守岗位。此外，创新型企业的员工往往干劲十足，他们甚至会参股。随着公司财富的增长，员工的工资也可能会水涨船高——这些都有助于留住员工。”

再想想在第三章提及的CCA——即应时应景、无法抗拒的优势及其对此问题的重要性。

当然，CCA并非旨在寻求“一劳永逸”的方法。为了加强你的公司的CCA，你得持续努力地改善它，使其在当今市场上更具说服力。

哈雷·戴维森公司为我们提供了一个很好的例子。《美国机械师》（*American Machinist*）杂志中刊载了一篇文章，它是这样描述该公司的：

> 自回购以来，该公司并没有躺在过去的功劳簿上不思进取。时至今日，这份奋勇争先的决心与1985年的情况无异。1985年，汤姆·盖尔布（分管制造部的前副总裁）称该公司致力于流程改善的决心是：这并不是一个项目，而是一次旅行……一次永无终点的旅行。

哈雷公司日复一日，不断想方设法改善流程和摩托车性能，这很有意义——对此无人提出异议。但是同样，说哈雷公司在当今的摩托车行业已具有绝对优势，想必也不会有人对此提出异议吧？

哈雷在音响、外观和感觉方面的创新使其竞争对手的效仿不堪一击。如果有任何一家摩托制造商想与哈雷·戴维森公司竞争，那么它与其去模仿哈雷·戴维森公司，还不如自主创新，给其用户及潜在用户无限遐想。你认为模仿者真的可以淘汰哈雷·戴维森公司吗？

头脑要清醒

关键在于小修小补或赤裸裸的模仿根本打动不了用户。

不是说改善公司销售的产品或服务不重要，改善势在必行！

但是，如果你把此前我们论及的种种挑战（用户厌倦、缺乏情感纽带、用户忠诚度有所下降等）综合在一起考虑的话，你很容易就会明白，为什么今年新款车改良后的尾灯或是在听到第三声而不是第四声就有人接听电话已经无法带来我们此前讨论过的那种应时应景、无法抗拒的优势了。而打造应时应景、无法抗拒的优势恰恰应该是你的重心所在。

不断改善一种平淡无奇且令人无法抗拒的产品或服务有什么用呢？泰坦尼克号都要沉了，重新摆好甲板上的椅子有什么用呢？勇敢点儿！以实际行动告诉用户，做你的忠实用户不亏。因为你的创新，他们会受益。

对于可极大提升生产力、提升流程或减少缺陷数量的流程改善措施，我们通常会全力支持。但是，改动太多，结果也会不尽如人意。如果你只是小修小补，不断改进（当然也有难度），而且把行业竞争对手确立为自己的标杆，那么你就会把自己的企业以及你的用户关进一个笼子里，而你们谁也不想进这个笼子。

既然有了现成的原创产品，用户怎么会想要仿制品呢？我们需要创新！我们需要令人无法抗拒的产品和服务，让我们为之惊叹，为之震惊，为之振奋。

你说这听起来真不赖，但是你公司生产的产品为什么还是一成不变呢？

还记得我们上文提及的一些例子吗？咖啡再普通不过了，但是星巴克却能够化腐朽为神奇；水再普通不过了，但依云却刷新了我们对水的看法。普通不是借口，想创新总是有办法的。

正如罗恩·约纳什在其关于创新的一篇文章中所呼吁的：

> 商品化拖了公司所有产品或服务的后腿。其产品或服务只要有一种商品化了，该公司就难以成长了。边际利润在缩水。股东对于成长的预期迫使管理层以前所未有的速度创造出长期价值。但是，一个公司常见的产品线、传统并购战略，持续运营升级的水平以及不断进行中的市场扩张努力，在今天的市场中还不足以满足股东们日益增长的营利预期。

听上去前景不容乐观，对吗？

请不要误解我的观点。现有的工作是必须不断改进的。只是持续改善还不足以构建用户忠诚度。为了提供用户真正需要的，你必须不断改进流程，而且还要对创新怀有狂热的激情。

做模仿者而非创新者面临的危险

我们已经讨论过商品化的陷阱和差异化的力量。我们也提出了CCA（即应时应景、无法抗拒的优势）的概念，并将其视为一种评估你是否真的为用户提供他们真正需要的东西的方法。在讨论最后一种也是最严重的脱节时，我们会发现创新有两种作用，一种是为你提供差异化战略，使你如愿以偿，在用户的心中占有独特的一席之地；另一种是可以培育 CCA，使用户在很长一段时间内都对你的公司保持忠诚。

但是，一些企业只是一味地模仿竞争者。

它们的逻辑似乎有些牵强，即如果用户喜欢原创产品，那他们一定会喜欢仿制品。它们不懂得引领潮流，它们只是跟风者。

就算是它们有研发部门，其职责也只是一味模仿，而不是创造。它们会剽窃他人的理念，然后以一种比竞争对手更低廉的价格、更快的速度加以复制。当然，可想而知，其质量未必更好。

再怎么模仿，你也无法超越被模仿者

首先，我们要非常明确，我所说的“模仿”并不是说仿造 LV 品牌中拳头产品的极端行为。那是赤裸裸的抄袭，是非法行径。

我们所说的“模仿”是指“尽可能把 A 造得像 B”。而且，和大多数创新者一样，我并不相信模仿是一种“由衷的赞美”。那是一种竞争手段，它不会给任何一家企业带来长久的回报。

《哈佛商业评论》曾刊载了一篇文章，题为“价值逻辑：高成长的战略逻辑”，作者是 W. 钱·金和勒妮·莫博涅。文章对模仿大加鞭挞，并指出：

> 在对高成长公司及其不太成功的竞争对手长达五年的研究中，我们发现，窍门就在于不同类型的公司制定战略的方式不同。

> 这种不同并非说经理人在选择分析工具或计划模型时有所不同。其不同在于公司对于战略的根本的、默认的理念。不太成功的公司采取的是传统的方法：其主导战略思维是要领先于竞争者。与其形成鲜明对比的是，高成长型公司很少关注赶超或击败对手。相反，它们致力通过一种我们称为价值创新的战略逻辑，使其竞争对手落后于时代潮流。

换言之，不太成功的公司采取的是模仿战略，模仿行为恰恰证明了其竞争对手是时代潮流的引领者，其模仿的产品或服务也是时代的弄潮儿。

当我刚开始职业演说生涯时，我的导师和偶像是幽默大师格雷迪·纳特。

格雷迪曾经是肯塔基一个小教堂的牧师。最初，他的职业是给孩子们讲幽默故事，谈谈自己早年在得克萨斯州的生活经历，尤其是其在美南浸信会中的成长经历。由于他的故事富有哲理且往往能博得听众的阵阵笑声，他一跃成为全国知名的演说家。当时《麦克·道格拉斯秀》正值黄金时期，格雷迪在该节目中频频亮相，而且他也成了经典乡村喜剧秀《喜唧唧》（*Hee Haw*）的常客。

格雷迪似乎是一个矛盾的综合体。一方面，他因讲述小镇牧师的故事和滑稽宗教表演而声名鹊起。另一方面，他又是我所知道的思想最为深邃、最能明辨是非的思想家之一。格雷迪的写作风格和叙事风格对我产生了深远的影响，我甚至在演讲中也想模仿他的风格……我一心想成为下一个格雷迪。

有一天，格雷迪给我打了一个电话，邀请我和他共进午餐。这是莫大的荣幸，我不假思索地应承下来。午餐时，他以一贯的和蔼、温和的方式告诉我，我这么欣赏他的天赋，让他受宠若惊。

然后，他扔了一颗炸弹，那才是他邀请我共进午餐的真正理由，那也是我一生中一个至关重要的时刻。他说："斯科特，还有一些东西你必须考虑。"

"你想成为下一个格雷迪·纳特没有问题，但是，哪怕你已经做到了最好，你也只能屈居第二。"

"我建议你尽你所能，做最好的斯科特·麦克凯恩。"

真是一语惊醒梦中人，尽管有些尴尬。的确，我个人也有过这种的经历：明明昭然若揭，却视而不见。除非你是弗兰克·卡利恩多或者是里奇·利特尔，否则没有一个人会因为模仿他人而走向成功或伟大。而且，事实上，模仿秀高手从定义上来说，不管他的模仿水平多么高明，他永远也无法和他所模仿的人一样出名。

- **无论是在娱乐界，还是在商界，模仿者永远都无法超越原创者。**

我意识到我必须和导师走一条不同的路线，否则，我只能一直处于导师之下。我天生对商业和领导力有着深厚的兴趣，所以，我改变了方向，开始在商界谋发展。30 年后的今天，回首往事，我为自己当时的决定感到欣慰。

你永远也无法超越被模仿者。如果你决定采取复制或模仿的战略，你再怎么优秀也只能屈居第二。

无法构建用户忠诚

乔·卡洛威在其杰出著作《成为独一无二》（*Becoming A Category of One*）中提出多种创新方法，企业可以通过这些创新方法谋求发展，提高利润。创新给企业带来的一个好处是：用户如愿以偿地成为企业的“狂热粉丝”。

没有创新，哪怕是最好的用户也没有保持忠诚的理由。相反，他们中的许多人会因此弃你而去，另寻商家。

在体育界，无论你喜欢与否，总是有数不胜数的“酒肉朋友”。如果你不相信，那你看一看现如今还有多少人穿着芝加哥公牛队的队服？当迈克尔·乔丹如日中天的时候，满世界都是穿着公牛队 23 号球衣的人。现在公牛队已不再是 NBA 主力，它一输再输——它也失去了许许多多的商机。现在，我们看到的都是勒布朗·詹姆斯的球衣。

我想说明的是，如果一支球队没有奋勇争先的魄力，那么是没有一个人愿意为之卖命的。别和我扯什么芝加哥小熊队的例子，它志在入围决赛，而且为了实现这一目标，它已经斥资近千万美元。

同样，模仿也无法激励用户，使之成为你的粉丝。

没有一个人会向自己的朋友推荐说，某家企业和原创者“完全相似”，请和它们打交道。推荐与否关键在于你是否与众不同，而不是与人相似。

你将对竞争对手的创新亦步亦趋

这是明摆着的。如果你想不受牵制，你就不是一个模仿者了。

模仿者一直在“追赶”被模仿者。为了便于模仿，他们总是时刻关注着未来的新事物。

比如，剃须刀。多年来，吉列一直是这个行业的创新者。但是，在一次派对上，两个人在闲聊之中改变了剃须刀这个行业。

迈克·迪宾和马克·莱文见面时聊着聊着就聊到男人们抱怨了几十年的东西，即买剃须刀的烦恼。剃须刀太烧钱了。在许多杂货铺里，剃须刀通常放在锁和钥匙这个类别之下，所以购买起来特别不方便。各家公司动不动就宣传它们在技术上取得了重大突破，而用户对此却并不感冒。但是，每当技术有所突破，刀片的价格就会上涨。有人想省点儿钱，用用旧刀片，但总是不小心就刮了道口子。

迪宾和莱文同大多数人不一样，他们受不了吉列的气，所以两人决定做出点儿东西来。他们看到在剃须刀这个行业里，其他人的做法和吉列都是一样的，所以其他从业者也是模仿者。尽管舒适公司是率先推出第一款四刀片的厂家，但是市场上普遍认为其实它是在模仿吉列的“多刀片”策略。

迪宾和莱文认定低价位、低技术含量的刀片是有市场的，而且可以省去零售的诸多麻烦。

于是，迈克·迪宾的起居室变成了办公室，加州威尼斯的一个车库就变成了公司总部，一美元剃须俱乐部（Dollar Shave Club，DSC）于2011年7月宣布成立。该公司的主导理念是创新，而非模仿。截至2015年6月，一美元剃须俱乐部已有200万名会员。《洛杉矶时报》称DSC的市值已高达6.15亿美元。

这一切纯粹是因为他们不想为竞争对手的创新所左右。

光凭模仿是无法激励员工的

团队成员如同用户一般，会追随企业的愿景和伟大理念。领导者应该具备指导同事、激励同事、启迪同事的本领，而现如今这些本领对于创建融洽的同事关系已经具有了前所未有的重要性。

我们暂时先改变一下思维，考虑一下政治选举问题。

期望登上权力宝座又能激励选民的并不是那些夸夸其谈，说什么要持续改善或者是模仿其他国家的项目和体制的人。那些有创新意识，而且能够充满激情地传播其理念的人才是能够影响整个国家的人。

如果它能够影响选票，它又何尝影响不了员工呢？

为什么要创新？

用户真的需要创新吗？或许不需要。他们只不过是没有这么表述而已。

创新，顾名思义就是推出一种市场上没有的东西。所以，在大多数情况下，你的用户暂时还没有想到会是什么。曾经我们没有一个人想到过，有朝一日，我们上哪儿能够买到一种新奇的小玩意儿，可以直接靠硬盘播放音乐，一戴上耳机，就可以边走边听了。但是，iPod 将其作为一种创新，我们一下子就掏出数百万美元购买它。

另外，再提醒一下：**在许多情况下，原本有创新精神的公司在推出一种创新产品之后，就躺在了荣誉的功劳簿上，不再奋发图强，考虑**

更新的、更伟大的产品了。这不也是一个引人深思的问题吗?

能给我们带来随身听的公司没有理由不能给我们带来 iPod 啊!但是，便携式音乐领域曾经的创新者索尼公司呢?

意识超前，能给我们带来《体育画报》的公司没有借口无法推出 ESPN（娱乐与体育节目电视网）啊?但是，作为体育报道曾经的创新者的《体育画报》呢?

麦斯威尔咖啡或福尔杰斯咖啡起点那么令人看好，为什么就不能成为我们今天耳熟能详的星巴克?它们曾经也是咖啡领域的创新者啊!

《财富》杂志有一篇文章的标题拟得特别好:“世界上最受推崇的公司:如何才能跻身其中?创新、创新、创新。”

不能光考虑公司的现状，你还得着眼于未来。你不妨扪心自问一下:相对于一年前而言，我的产品和服务有何不同?

——和五年前相比呢?

——和十年前相比呢?

如果你的回答是，“改变不大”，那么你如何能够跟得上日新月异的变化呢?你是跟不上的。

有一个重要的指标在于:你能否跟上时代的步伐。

30 出头的人或许已经记不得罗纳德·里根是什么时候当上总统的。他们也记不得有“冷战”，因为苏联解体的时候，他们或许还在上小学。对于他们而言,MTV 上播放的音乐视频从来就没有流畅过。而且，他们中的没有一个人“拨过”座机。

新千年这一代人数过于庞大，所以，你在制定商业战略时，无论是将其视为用户还是员工，你都无法忽略他们。此外，从道义的角度来说，不将其考虑在内也是不应该的。

迈克尔·韦斯在《美国人口》(*American Demographics*）一书中写道:“……在他们的一生之中，美国社会发生了翻天覆地的变化。移民已经使得美国社会非常多元化了：21 岁的人当中有三分之一不是白种人。家庭结构也发生了变化：21 岁的人当中有四分之一是在单亲家庭中长大的；四分之三的家庭中母亲也需要工作。”

我的侄儿本杰明完全符合这个类别。他 33 岁，由单亲母亲抚养长大，他的母亲也是职业女性。你会看到，他不是在上网就是在玩手机。他最近又恢复了单身，女儿归他抚养。他从事的是全职工作，但是他可不想在退休前还在干这个工作。他买了一辆丰田赛恩。为什么呢？因为该款汽车的音响系统震耳欲聋，可以从电脑上直接播放 MP3。车上有一个 15 伏的插头，可以直接插入手提电脑。赛恩看起来就像是在车轮子上安了一个盒子。在我看来，那款车实在是奇丑无比，无法理喻。而在他看来，那款车简直炫酷到无法形容。

我侄儿从来不说自己有一辆丰田车。他会告诉你，他开的是一辆赛恩。我觉得这一点特别有趣。在他看来，重要的不是品牌，车子本身才是创新之所在。他与那款车本身而不是制造商的创新有情感上的认同。这当然也提出一个很有趣的问题，那他作为用户，未来应该向谁忠诚呢？

赛恩很好地诠释了创新的重要性。只是小有创新的丰田赛利卡（Celica）对于本杰明这样的用户而言并没有任何动人之处。但是，在我侄儿本杰明出生的那一年，也就是 1982 年，我拥有了一辆赛利卡，我真的是激动万分啊！赛恩如此走俏全靠创新。

如果你对用户追求创新的激情心存疑虑的话，你不妨看一看我侄儿的故事：他是历尽千辛万苦才从网上找到这辆赛恩的，他问过本地多家车行，但都被告知等待时间需要几个月。

由于没有一家车行和他投缘，而且也没有一家将其视为购车伙伴，所以他就从印第安纳州远赴弗吉尼亚州西部，买到了这辆他引以为豪的汽车！

为什么创新？理由有千千万。但是最好的理由莫过于：如果你不创新，本杰明和数以百万计的、和他一样的年轻人就不会买你的东西了。

环顾四周

环顾一下你的办公室，看一看多元化程度有多高。当然，首当其冲的就是性别与种族多元化。但是，我相信太多的时候，我们会就此打住。

你在年龄多元化方面做得如何？说明文字特别小，看起来特别吃力，我一看见这种产品就气不打一处来。我敢肯定设计师一定是25岁的年轻人。他看着当然不会有任何问题，但是我的视力和他们不同啊！在设计的过程中，他们为什么不去问问50~65岁的群体，问问他们到底能不能看得清数字呢？

我猜想，他们身边一定没有这个年龄段的人。他们无人可问。

你是否想过这样一个问题：一群55岁的人设计出赛恩，是因为他们知道年轻人希望在自己的车里装些什么吗？当然不是。但是，你可以在相关流程中把相应的群体考虑在内，甚至应该在产品设计开始之前，在概念形成之初就将相关群体考虑在内。

思维的多元性呢？你的公司思维多元化吗？理应如此啊。人们一再强调，如果两个人的想法是完全一致的，那么其中必定有一个人是多余的。如果你的身边尽是一些思维方式和你完全一致的人，那么你会和很多伟大的想法失之交臂，而且你也会错失许多快速成长的机会，因为只有思维不同，思想受到挑战时，心智才会成长。

我是因为某次个人经历才发现这一原则的。我在成长的过程中，身边都是家乡那些卫理公会的信徒。我的宗教生活有很大一部分内容就是重复其他人的做法。我在想我的信仰是不是错了，但是我错了。

直到我的信仰被挑战的那一天（最早是发生在大学里，后来是在生活中，有一位无神论的朋友挑战了我的信仰），我的心智还没有发展到一定的深度，我的宗教信仰还不足以应对人们对我的信仰发起的挑战，我的神学辩论能力也不堪一击。

事实上，和思想不同的人为伍是可以强化和重塑个人信仰的，因为我需要一种心智上的活力，这样才能捍卫我自己的立场。

你可以送一份最大的礼物给自己，那就是聘请一些想法和行为与你不同的人。比如，请一个 21 岁，身着奇装异服，令你无法忍受的年轻人。再请一个 75 岁高龄但还想发挥余热，而且还一心认为自己能再活 30 年的老年人，结果会如何？

许多经理人身边缺乏不同风格的人。或许这是因为他们内心深处认为，商业无法承受各种智慧的碰撞。正如我所提到的个人信仰问题，人们确实需要不断面对挑战才能茁壮成长。

思想多元，创新不断

几年前，我给一些房地产经纪人开了一场讲座。在问答环节，一位年轻的女子站起来说道："我的房地产经纪事业刚刚起步。您能否告诉我，如果您带一对夫妇参观一套房产，您会怎么说呢？"

我思考了一会儿，突然灵光一闪。"首先，"我回答说，"我很可能会先到他们现在居住的房子和他们见个面。我会请他们先带我参观一下他们的房子。我会试着请这对夫妇详细地告诉我，他们搬到新买的房子之后，最想念这座老房子的地方有哪些。接下来，我带他们参观新房子的时候，我会把新房子与老房子里他们最喜爱的东西告诉他们。当然，我还会告诉他们新房子还可以弥补目前他们居住的房子里的种种缺陷。"

一位资深房产经纪人举手说道："这是您刚刚想到的吗？"我回答说是的——这确实是我第一次思考这样一个问题。

"我干这一行已经有好几个年头了，"她说，"这个主意我还是第一次听到，说得太棒了。"

听众随之爆发出热烈的掌声。有人对我的足智多谋大加赞赏，但是，我对此予以纠正。我之所以冒出那样一个念头并不是因为我特别聪明，而是因为我不是一个房产经纪人！

有一句老话说的是"见木不见林"，这里也是同样的道理！

许多企业之所以满足于小修小补，正是因为老团队一直都在处理同样的服务或产品。如果一连数年你都在做同一种事情，你就很难突然想到一个新的、有创意的点子、设计或用途。你不妨问一下自己以下几个问题：

（1）你如何才能把其他部门的人吸引到你的团队中来？

（2）你认识一个特别聪明的人，但他从来没有用过你的产品，也从来不需要你的服务。找一个这样的人合适吗？

（3）用户呢？

（4）以前的用户呢？

（5）新视角自然会带来新思维。

创新的底线

最终，不仅是你的用户需要你真正有所创新，而且无论你从事的是哪一种行业，创新对于企业而言都是不可或缺的。在《快公司》杂志中，“引领革命：在跌宕起伏的浪潮中，如何以创新之道走向繁荣”一文的作者加里·哈梅尔写道：

> 今天大多数公司都无法用同样的方法，通过同样的渠道，把同样的东西卖给同样的用户。人们已经吃了足够多的汉堡，喝了足够多的啤酒，买了足够多的普通个人电脑。但是，只要是新的、有用的、有价值的东西，用户还是想要的。有一家日本公司叫DoCoMo，它就开发出一种基于互联网的移动电话。其以我为中心的服务模式在30个月的时间里就吸引了三千万名用户。当然，今天仍有成长的空间。但是，前提是你要把某种意想不到的、激动人心的东西带给你的用户。

但是，我们经常听到经理人鼓励他的同事们要“跳出固有的思维模式”。如果真的是如此，那为什么创新仍然少得可怜呢？

答案很简单：经理人没有鼓励其同事要“跳出固有的行为模式”。尽管公司鼓励创造性的、创新的思维，但是对于创造性的工作与管理方式却不鼓励。上学时，老师总是鼓励我们要在“线内填充颜色”。在工作中，人们也鼓励我们大多数人追寻类似的理念。

而且，许多时候，员工得到了包罗万象的指令，同样，他们也把这些前后矛盾的信息传递给了用户。

经理鼓励他们只要用户高兴，“做什么都行”——但与此同时，要把成本降到最低。

经理口口声声说要“和用户搞好关系”，但事实上经理却闭目塞听，不愿听取创新思想，也不愿实施创新方法。

如果你的员工不明白你的意思，那么你又怎么能够指望他们采取创新的方法来留住用户呢？

创新在公司内部应该有传播的途径。我的意思是，你不仅要有创造性思维，计划好如何加以实施，而且你还必须保证这种创新思维及其实践如何在公司内传播。

a. 你有开设培训课吗？

b. 你是否有课程视频？是否与人分享这一课程并对其内容进行审核？

c. 你是否为所有员工都提供了工作指南？

d. 无论你采取什么样的行动，你都必须采取行动。

e. 你可以考虑先“在内部打广告”：在对外推出之前，先在内部推广创新理念。

正如许多创新专家指出的，如果有100种创新思想，那么经理就可以看到员工会朝着100个不同的方向前进。经理所面临的挑战是鼓励和奖励以用户为中心的创新，然后制订模型与方法，描绘出更清晰的愿景，把最佳的思想推到最前沿。

诺华CEO乔·希门尼斯在其担任亨式总裁时曾写道："我们的战略是通过创新实现顶线增长。紧跟其后的就是底线增长。"《杂货商》杂志称，为了证明其观点，"亨氏重新定义了其新产品开发流程，以重振其欧洲业务，并促成更多产品种类的诞生"。

在亨氏的时候，希门尼斯创建了一个"创新经理人委员会"，委员会由来自全欧洲的12名顶级营销与技术主管组成。"以前每个人拥有的资源很有限，而且我们对于创新也并非全力支持。"希门尼斯说，"所以，我们在分析方面也乏善可陈。我们组建创新团队就是为了解决这一问题。我们把各方资源汇聚在一起，全力支持新的、宏大的理念，并加大市场分析方面的投资。"

希门尼斯在欧洲的创新所取得的成功使其成为亨氏北美CEO，最后他也摘得了诺华CEO的桂冠。诺华是一家总部设在瑞士的跨国药业公司，诺华一直都是行业领导者，其市值达2 800亿美元。全力以赴支持创新对于企业而言是大有裨益的，同样对于领导创新的经理人也大有裨益。

正如我的朋友，优秀作家、演说家史蒂芬·夏比洛所言："或许，与其跳出固定的思维模式，不如创造出一种新模式！"

创新的底线就是创新对底线增长有益。

它可以让用户感到异常兴奋，而且对你的公司更加忠诚。它可以激励员工更上一层楼，同时也可以使员工对企业更加忠诚。它也会使你得到行业内外的认可。它会让你从众多的企业当中脱颖而出，而那么多的企业，要么有为，要么无为，只是略微改善现状，而用户对此早已心生厌烦。

通用电气前 CEO、传奇人物杰克·韦尔奇曾参加了《信息周刊》赞助的一场活动并发表演讲。《信息周刊》在报道中称："他（韦尔奇）说，尽管他总是重视创新，重视宏大的理念，但是他更重视的是人，是能够汲取这些思想，并把这些思想推而广之的人。他们懂得与人分享，懂得把这些思想在公司上下进行传播。如此一来，用户不仅会更高兴，而且会有一种参与其中的感觉。"

作为美国企业史上最受人尊重、最成功的经理人、创新者和领导者之一，韦尔奇的观点显然是无法辩驳的。

本章回顾

1. 用户因为“一成不变、千篇一律”而感到厌烦
    a. 颇具讽刺意味的是，持续改善可能会阻碍创新，因为改善选择的是小修小补，而不是激进的变革理念，而只有激进的理念才会激励用户和员工的忠诚度
    b. “优秀是卓越的敌人”（吉姆·柯林斯）
        » 但是，选择了安于现状之后，企业其实就是选择了“优秀”
2. 作为企业生存之道的持续改善
    a. 从“改善”到“六西格玛”，你可以找到各种各样的改善型战略
    b. 创新是一种混乱的过程；无保证可言
    c. 创新助力企业成长
    d. 因创新成为市场第一人，哪怕是超出预算，也可能赚个盆满钵满
        » 向低效宣战的公司也是最可能减少创新流程的公司
    e. 通过创新可以创造应时应景、无可抗拒的优势（CCA）
        » 在你的公司和哈雷·戴维森公司一样形成 CCA 之后，你的公司就开启了不断提升 CCA 的过程，它甚至会贯穿你持续创新的未来
        » 头脑要清醒：用户不会因为你小修小补就被说服；CCA 是吸引用户的手段，也是留住用户的手段！
    f. 不断改善非无法抗拒的特色与服务是徒劳无益的
        » 六西格玛以及类似的改善流程提升法是有价值且重要的。

但是，小修小补，小小的改善可能会让你的公司陷入一种你不愿身处其间的境地

g. 模仿而非创新面临的危险

» 模仿得再好也无法超越被模仿者

» 你永远也无法成为“市场领导者”，除非你满足于低价位、低边际利润。根据《哈佛商业评论》报道，不太成功的公司实施的是传统战略，而成功的公司实施的是创新战略

» 模仿者永远都不要奢望取代原创者，他们充其量只能第二

h 模仿者无法构建用户忠诚度

» 模仿，尤其是曾经是创新者的公司也沦为模仿者之后，就会把你曾经通过创新吸引而来的忠实用户拒于千里之外

» 没有人会支持排名第二的企业——市场里充斥着各种各样的“酒肉朋友”

i. 你将受制于竞争对手的创新

» 一美元剃须俱乐部拒绝被吉列公司的创新所束缚，因此它通过自己独一无二的方法大获成功

j. 光凭模仿是无法激励员工的

» 在政治舞台上，候选人大谈特谈要对现有的体制小修小补是无法说服选民的。只有高瞻远瞩者才能赢得竞争，才能改变整个国家

k. 为什么创新？

» 创新顾名思义就是创造某种市场没有的东西所以，用户可能不会趋之若鹜

» “世界上最受推崇的公司”有一个共同点：它们都是创新者

» 你需要创新，因为新一代的用户已经来临

l. 新千年的那一代人有着完全不同的观点和需求

» 缺乏创新，安于现状，向他们兜售老一套的东西，你的公司只能被这个群体甩到身后

m. 多元化将启迪创新

» 多元化并不局限于性别或种族

» 多元化也包括年龄和我们的思维方式与沟通方式

» 没有思想的多元化，你就会错过伟大的思维和心智的成长。许多时候，同样的老团队还在致力于改良同样的老产品

» 想一想你能从不同群体那里汲取哪些新思维，年轻人、老年人、现有的用户、从前的用户

» 新视角自然会带来新思维

n. 创新底线

» “只有把用户意想不到的、激动人心的东西带给用户，才会有所成长。”（加里·哈梅尔）

» 鼓励同事要“跳出固定的思维模式”的经理人往往又限制同事，不让其“跳出固定的行为模式”

» 员工是你将创新“传导”给用户的“方式”

» 在对外推出创新成果前先在内部推销

» 创建一个可以集中精力，将创新思想转化为创新的、具有操作性实践的流程

o. 正如通用电气前 CEO 杰克·韦尔奇所言：创新是具有重大价值的，但是那些能够与他人分享创新思想，并将这些思想付诸实践并吸引用户的人具有更大的价值

结　语

关注企业文化，创建“用户文化”

在我的家乡——印第安纳州的一个小城镇——流传着一个古老的笑话，那就是我们所拥有的唯一的文化就是“农业文化”。

我现在居住在那个名为“拉斯韦加斯”的农业麦加，在那个地方有一个人们最常去的博物馆，不久前人们还时常在那里缅怀李伯拉斯的一生。

那么，究竟什么是“文化”呢？《世界英语词典》将其定义为“某个国家或民族的信仰、习俗、实践和社会行为”。

那么你公司员工的信仰、习俗、实践和社会行为有哪些呢？

用户如何看待你公司的文化？

你的公司上下是否齐心协力创造出了一种核心文化？或者，你的公司是否会评价、修改并改善现有的公司文化？

你最好还是打造一种企业文化吧。

因为在该词典中，“文化”的下一个定义是“一个特定的人群，其共有的信仰和实践表明他们同属于一个特定的地方、阶层或时间”。

从公司的意义上来说，这意味着用户要通过你的员工共有的行为来辨识你的公司。

如果你不相信，你可以问一下用户，凌志（Lexus）车行的工作人员与其他车行的工作人员有何不同。用户相信凌志车行一定有不同的文化——因为凌志车行的员工表现出来的共有的实践方式使用户相信该车行是独一无二的，是令人无法抗拒的。

我有幸在FRHI酒店集团旗下的几家酒店下榻过，其中包括加拿大班夫的费尔蒙酒店、伦敦的萨沃耶酒店、斯科茨代尔酒店，还有其姊妹酒店如新加坡莱佛士酒店和阿姆斯特丹瑞士酒店。

从我自身的经历来看，我可以告诉大家，文化确实会为住客带来与众不同的体验——而且在这些非同凡响的地方，酒店团队为和我一样的住店客人提供了一种终极用户体验。正因如此，我不仅心存感激，而且期待着再次入住相同的酒店。

重新思考并重塑企业文化

无论你所经营的是网络设计公司、花店还是《财富》500强企业，从今天起你都应该重新审视你公司的企业文化。企业文化关乎用户如何看待你的公司，员工如何看待你的公司以及企业成长的机会。

你的公司有企业文化——但是，你真的知道它的确切内涵吗？

你会引领公司在企业的努力与用户的需求之间架设一座桥梁，通过创建企业精神，致力于强化企业与宾客、用户和固定用户之间的关系的企业精神吗？

抑或你的公司和其他很多公司一样，仅仅专注于产品和服务？

我的经历告诉我，如果企业能够做到以下两条的话，商家与用户之间的脱节问题就会完全迎刃而解：

a. 关注企业文化

b. 创建“用户文化”

关注企业文化

听起来很容易，对吗？或许某些读者看了之后会觉得自己受到了侮辱。这不是太简单了吗？是的，我真心希望对于你和你的公司而言，企业文化是简单的。但是，太多公司只关心产品的质量，而对于企业文化的内在一致性并不关注。

我一想到有些 CEO 和企业主谴责有关企业文化的论调是“柔性的”，我就会想起老布什总统。他曾经挖苦一位记者，说记者居然问什么“愿景之类的东西”。但是，我们从他的打趣当中不难推断出其实他并无愿景。

当比尔·克林顿在向公众阐述自己的愿景（如何改变美国的“企业文化”，我们不妨这么说）时，选民们也用自己手中的选票做出了回应。

如果你希望你的选民（或者称为“用户”）给你和你的公司投出手中的一票（或者称为“钱”），你必须通过日复一日地贯彻企业文化，并且与用户分享你的愿景。

联邦快递就是一个典型的例子，它极其关注其确立的企业文化的重要性。在其《经理人指南》中，联邦快递是这么写的：“在这个圈子里，一环扣着一环，环环相扣。”这很好地说明了联邦快递的企业文化。

由于所有的经理拿到的指南中都有这么一句话，因此它就确立了一种基调，即经理并不比其领导的下属更为重要。每个人都要互相支持，人人为我，我为人人。这就是联邦快递的文化。

现在最关键的问题就要来了。考虑一下我们反复使用过的案例，如西南航空、苹果公司、星巴克和诺德斯特龙。用户承诺与忠诚的典范往往是那些创建了强大且独具特色的企业文化的公司，你觉得这仅仅是巧合吗？

《财富》杂志选出了“100 家最适宜工作的公司”，你觉得这些公司纯粹是因为“幸运”吗？请注意，上述每家公司都极其关注企业文化。

我给上述名单中的一家顶级企业上过课，即金融服务领导者爱德华·琼斯公司。我见过该公司数百名员工，但是我还没有见过一个对该公司心怀不满的员工。我从来没有碰到一个员工说自己在爱德华·琼斯工作期间受到了怠慢或是被忽略了，没有干劲，或抱怨连连。

顺便提一下，琼斯公司将其收入的 3.8% 用于员工培训，即每个员工平均可获得 146 个小时的培训！正如我们此前所说，在发展用户忠诚度方面，教育起着很重要的作用。教育同时也带来另一个巨大的益处：你可以防止你的公司躺在过去的功劳簿上，不思进取。

顺道提一下，“100 家最适宜工作的公司”提出了很多创新方法，其数量之多令人难以置信——所有这些创新措施均旨在确保每个员工熟知企业文化，并且每天都能参与到这一企业文化中。

在本书初版中，我指出盛美家[1]在其俄亥俄州奥维尔的总部，每

1. 盛美家（Smucker）品牌创立于 1897 年，是美国果酱的第一品牌，也是全世界最大的果酱制造集团；盛美家历经四代的传承，至今仍延续 100 多年来独家果酱生产技术经验，在创始初期的每一瓶果酱上都有创始人 Jerome Monroe Smucker 亲笔签名的标签，这是他们对品质的承诺。

个员工都有机会成为其产品的“品鉴师”。佩拉橱窗公司自从1925年创办以来从来没有解聘过一名员工。浸会健康护理实行的是“无秘密”政策，言下之意，清洁工和首席财务官一样，可以获取同样的财政信息。一项针对美国高通公司员工的研究表明，90%——你没有看错，90%——的员工“每天期待去上班”。（你敢在自己的公司内部进行类似的研究吗？）如果你在MBNA信用卡公司工作且打算结婚的话，你的公司会给你包一个500美元的红包，而且还会为你的婚礼专门安排一辆豪华轿车——同时还会多放一周假！当我为美国庄臣父子公司（温迪斯清洁用品和碧丽珠家庭清洁用品等产品的制造商）代言的时候，我发现它们早在1917年就启动了利润共享计划，其劳动力队伍中有三分之一的人在该公司已经工作了至少二十年！美敦力公司CEO会亲自给每位新员工颁发徽章，并把企业价值手册亲手交到员工手中。

这些大获成功的公司花了大量时间专注于其员工工作环境中的文化，所以它们能够为用户提供非同寻常的体验。

你的公司是否做过一些有意义的事情，也有望加入上述清单？

如果没有，你打算从什么时候开始做呢？

创建“用户文化”

有关企业文化的研究最早可追溯至1939年。研究者在对美国西电公司进行研究时发现，员工们形成了自己非正式的传统。这些非正式的机制对于任何一个企业的成败都有着极其深远的影响。因此我们不难理解，富有远见的企业开始审视如何才能借文化之力，以提升企业的竞争力和利润。

在关于联邦快递公司的著作《全球准时送达》(*The World on Time*)中，詹姆斯·韦瑟伯提到，派拉蒙原计划收购媒体大亨时代公司，但这个计划最终流产了。后来时代与美国在线又发生了收购之争。时代取得了成功，时代公司“指出，收购将无可挽回地摧毁其文化。主持该收购案的法官表示赞同，称如果该文化已经证实是显而易见的、别具风格且有益于开展业务的，那么，凡对该企业文化造成威胁者都将受到法律的制裁”。

你的公司所创造的文化能够更好地留住员工，提高利润——而且最终它还能帮助你的公司抵御入侵者。但是，如果能着眼于创建更好的用户关系，那么此时的企业文化才是最有效率的。

据ACA新闻援引相关研究称，企业文化有九个要素，这九个要素有助于在公司内部营造团队精神。这九个要素分别是:

(1)共同且一致的目标

(2)企业承诺

(3)团队成员明确各自的角色

(4)团队领导力

(5)团队相互问责

(6)知识与技能互补

(7)强化必备的行为能力

(8)实力(真实的与假想的)

(9)共享成果

这些要素是无可辩驳的。

但是，这些以团队为导向的企业文化要素无法对企业产生最大化的影响，除非其压倒性的目标只是：**创设令用户无法抗拒的体验，以确保用户忠诚，与此同时，保证利润**。

但是，下述内容才会实现全覆盖。

（1）企业必须培养对用户的热忱，一种超越纯粹的产品或服务的热忱。

（2）当经理和高级经理人展现领导力时，他们对于用户忠诚度的痴迷自然有助于强化员工作用的战略。

（3）企业的员工团队经授权后能够制定和执行有助于提升用户的信任水平、融洽商家与用户的关系、提升用户忠诚度的方法。

（4）你所面对的挑战是创建别具一格的、痴迷于用户的企业文化，你和你的员工会打造创新方法来弥合鸿沟，解决有损用户关系和用户忠诚的六大脱节问题。

- **如果你完成了这一任务，你的公司就会获得商界最高的嘉奖。你的公司将被视为与众不同的企业，一个能够为用户提供他们真正需要的东西的企业。**

祝大家一切顺利……无论是现在，还是在未来！

本章回顾

1. 文化即人们的“信仰、习俗、实践和社会行为”
   » 所以，用户相信你公司的实践与行为是你公司企业文化的体现
2. 重新思考与重塑企业文化
   a. 你知道你公司企业文化的确切内涵吗？
   b. 为了弥合商家与用户之间的鸿沟，你是否会带头提炼和升级企业文化？
3. 关注企业文化
   a. 听起来很容易，但是许多企业只关注其产品和服务，而不是其对公司的愿景及其文化
   b. 那些最经常被视为构建用户忠诚度典范的企业往往痴迷于为员工和用户创建企业文化，这并非巧合
      » 各种例子都证明了这一点，从爱德华·琼斯公司到盛美家
4. 创建“用户文化”
   a. 早期研究表明，人们在工作时会创建文化
   b. 富有远见的企业明白它们必须走在最前沿，必须创建那种可以让公司竞争力与利润最大化的企业文化
5. 文化的作用
   a. 强化员工保有率
   b. 提升利润
   c. 甚至可以阻止企业收购

   d. 以团队为导向的文化必须植根于创建用户体验

6. 全方位
   a. 企业必须培养对用户热忱的精神，这种热忱应该超越对产品或服务的热情
   b. 你所面对的挑战是弥合鸿沟，消除你和用户之间的脱节，为用户提供他们真正想要的东西

致 谢

如果不是因为谢莉·欧文对于我那种超乎寻常的信任和奉献精神，这本书，甚至是我发表过的每一场演讲或其他我所拥有的极好的机会都无从谈起。她的官方头衔是我们共同创办的公司的首席运营官。同时，她也是“世界上最好的姐姐”。

对于我们这家小企业中的其他人，我同样心存感激，尤其是本杰明·阿米克，感谢他一直以来承担着音像资料剪辑、网站维护、公司运营等工作。无论从哪方面来看，他的工作都非常出色。

同时也感谢佩里·克里明斯几十年如一日的辛勤付出。

每隔一周，我和4个最好的朋友都会随机挑出一个我们大家都觉得饶有趣味的话题，然后侃侃而谈。他们中的每个人我都很喜欢。最有趣的是，“五剑客”网站上的评论居然大受欢迎！我们5人能成为挚友，也许是因为老天对我特别眷顾。谢谢你们：拉里·温格特，马克·桑伯恩、乔·卡洛威和兰迪·彭宁顿。

本书初版能够得以付梓，我也特别感谢托马斯·纳尔逊出版社以及我的文字编辑、威廉·莫里斯经纪公司的梅尔·博杰。时至今日，他总能带给我各种启发。他是出版业中真正的传奇人物。

布鲁斯·约翰斯顿是我极好的同事、朋友和顾问。无论是对他，还是对他那无与伦比的太太道娜，我都一直心存感激。

在演讲者圆桌论坛中，我的同事们个个都很出色。没有一个人会比我的这些同事们更专业。他们慷慨大方，待人热情。能与这样一批杰出的人士为伍，我备感荣幸。

同时，也感谢全美各地的演讲者协会和用户们，正因为有了你们，我的行程总是满满当当的。

能拥有如此众多的良师益友，我真的感激不尽。在乡村音乐史中，钻石里奥乐队首屈一指。在这支乐队中有我最好的伙伴们，他们是布莱恩·普劳特、达纳·威廉姆斯、吉恩·约翰逊、吉米·奥兰德、丹·杜鲁门和马蒂·罗。你们都很了不起！

从孩提时代起，橡树岭男孩乐队就一直是我的支持者、导师和朋友。在每年的世界巡演中，他们的表演仍然让观众如痴如醉。乔·邦索尔、杜安·艾伦、威廉·李·戈尔登和理查德·斯特班，当然，还有路演经理达里克·金斯诺，你们的友谊和鼓励让我没齿难忘。

我还要感谢那些启发我，并帮助我形成本书书稿以及其背后的那些概念的许许多多作家和演说家们。

我还要感谢我的两个继子——科尔宾和法伦，以及科尔宾的妻子安贝尔。科尔宾夫妇最近给我们家族增添了一名新成员——小加尔文！无论你从事的是哪行哪业，只要你能给用户带来他们真正需要的，你就必将是前途无量的！

最后，我要衷心地感谢我的太太——无与伦比的塔米。你是我生命中最富爱意、最温柔的存在。一生能与你为伴，是我的幸运。

最重要的是，我还要感谢你们，感谢所有阅读本书的读者们。我衷心希望本书于你有益。

通 观 全 局　谁 定 后 动　震 荡 行 舟　慧 眼 识 金

高抛低吸　波段逐金

震荡夺金

震荡市炒股赚钱术

刘 平◎主编

中国纺织出版社

内容简介

震荡市是一种股价在盘整中的低迷市道，也就是通常所说的“牛皮市”，既可能是上升或下降趋势中的中继形态，也可能是牛熊转换过程中的过渡形态，周期可长可短。处于震荡行情中的市场既不可能持续下跌，也不可能持续上涨，只能在一个箱体内反复震荡。其特征是短线投资增多，市场人气不稳，股份大起大落。本书详细介绍了在震荡行情中获利的方法和技巧，包括：震荡整理的K线形态、横盘震荡时的选股技巧、震荡突破时的买卖时机、震荡时的波段获利要领、不同震荡格局的获利策略、横盘震荡时跟庄巧获利、震荡盘整时的综合获利技巧、震荡行情中技术指标的应用等十个章节。本书既适用于对股票操作不太熟练新股民，也适用于有一定炒股经验的老股民。

图书在版编目（CIP）数据

震荡夺金 / 刘平主编. -- 北京：中国纺织出版社，2016. 7（2025.5 重印）
ISBN 978-7-5180-2596-1

Ⅰ. ① 震… Ⅱ. ① 刘… Ⅲ. ① 股票交易—基本知识
Ⅳ. ① F830. 91

中国版本图书馆 CIP 数据核字（2016）第 100346 号

策划编辑：曹炳镝　　责任印制：储志伟

中国纺织出版社出版发行
地址：北京市朝阳区百子湾东里 A407 号楼　邮政编码：100124
销售电话：010—67004422　传真：010—87155801
http: //www.c-textilep.com
E-mail: faxing@c-textilep.com
中国纺织出版社天猫旗舰店
官方微博 http：//weibo.com/2119887771
大厂回族自治县益利印刷有限公司　各地新华书店经销
2016 年 7 月第 1 版　2025 年 5月第 2 次印刷
开本：710 × 1000　1/16　印张：15
字数：199 千字　定价：48. 00 元